大展好書　好書大展

品嘗好書・冠群可期

武學釋典 10

蘇峰珍 著

太極拳行功心解詳解

大展出版社有限公司

作者簡介

蘇峰珍，一九四八年生於中華民國，臺灣，高雄鳳山。自幼喜愛武術，苦無機緣學習。時，鳳山有一拳師，名大鼻師，身材高挑魁梧，南北跑場打拳頭，賣膏藥。心嚮往之，懇請母親往說，欲隨練拳，大鼻師回曰：「以手擊壁可也，不必隨師。」自忖土法煉鋼非拳術究竟之道，終而蹉跎歲月。其間雖練過跆拳、外家拳及其它武術，但總覺得不能相契而放棄。

一九八〇年緣遇林師 昌立先生，學習形意、八卦、太極，歷二十餘年之久，為入室弟子，排行第二。同門中，練拳最為精勤，從無間斷，為林師所賞識，而盡得其傳。一九八二年至一九九二年參加高雄縣市、臺灣省，及中華民國推手比賽，常名列冠、亞軍，為師門爭光。一九九四年取得省市級太極拳教練證及中華民國國家級太極拳教練證，經林師認可，開始授拳。二〇〇八年參加美國「新唐人電視台」舉辦第一屆「全世界華人武術大賽」，榮獲第三名。

其拳論著作常於高雄市太極拳雜誌社發表，頗獲讀者喜愛。著作有《太極拳行功心解詳解》、《內家拳武術探微（籌備出版中）》、《太極拳經論詳解

（籌備出版中）》等。現於高雄市鳳山區文華兒童公園授拳，生平最大之願望，乃能將內家拳武術承授有緣者，永續流傳。

教學內容：

一：拳架（形意拳、八卦掌、太極拳）。

二：樁法：鞏固下盤，紮根基礎，發勁必備。

三：內勁單練法：基礎十式，成就內勁。

四：閃　電　手：迅如閃電，敵莫能防。

五：蒼龍抖甲：震身功，可振盪強化內臟功能及成就彈抖勁。

六：餵勁推手：老師餵勁，體驗發勁、化勁、聽勁狀況。

七：太極發勁八法：運用及練習。

八：實戰搏擊：由單招對練，老師餵招，體驗實戰境界。

序 言

　　太極拳的經典，有拳經、拳論、行功心解、打手歌、八字歌、十三式歌等等，因為這些經論的語體都是文言文，比較深澀難懂，於是有名家把這些經論作成釋義，流傳市面。但是，綜觀市面上流傳的太極拳釋義，大部分只是把文言翻譯成白話或簡單解說而已，沒有把經論中的實質內涵析透出來，也沒有把太極拳的修練方法明白詳述出來，這對太極拳的修練者，獲益是有限的。

　　行功心解是太極拳重要的經典之一，裏面詳述了太極拳的深層內涵，以及太極拳的修練方法。行功心解是以「氣」為主軸而圍繞論述太極拳，所以，練太極拳是要行氣的，是要運勁的，若有人主張太極拳不需練氣，這是與太極理論相悖的，不值與信。

　　太極所有經論，都是祖師前輩們修練的成果結晶言論，所以有時候他們所寫下而流傳下來的文字，都是修成正果後的心得，至於如何去練習才能達到那個境地，就沒有很詳細的述說，所以後輩學者讀經看論，只知其然而不知其所以然。

　　譬如行功心解第一句說：「以心行氣，務令沉

著，乃能收斂入骨」，祖師說練太極拳要以心行氣，而且務必要使氣沉著，這樣才能收斂入骨，匯聚成內勁，但是要如何行氣運功，要如何使氣沉著，要如何才能使氣收斂入骨，則沒有敘述出來，所以，後輩學者讀行功心解，只能得到一些概念，不能實際掌握到練拳的訣竅，而且那些名師所寫的太極拳釋義，也僅止於依文解義而已，並沒有把練習的訣語詳述出來，所以後輩晚生們讀經看論，或研讀太極拳釋義的書，效果是有限的。

筆者不才，雖然學練太極拳三十餘年，對太極拳的玄奧精深，猶難探其底，但願以野人獻曝之心，作拋磚引玉，僅將微略心得就教於大方，若有偏差錯誤之處，懇祈賢輩們不吝指教，願予虛心領受。

本書有很多重複論說的地方，請讀者勿覺煩瑣，因為行功心解就是一直在重複論說「心」、「氣」、「勁」等等東西，這些也是練太極拳的靈魂核心，若跳脫了這些，太極拳便成為空洞而無架構主宰的空中樓閣；還有，本書有些論述雖不是依於行功心解的原文譯釋，而是以引喻方式從旁套引而入，希讀者透過種種引喻而對行功心解原文能有更深層的理解。

作者： 蘇峰珍於2012年6月

6

目　錄

第一章　以心行氣，務令沉著，乃能收斂入骨。

第一節　以心行氣

　　太極拳行功心解，開宗明義，點出了修練太極拳的第一件事，就是「以心行氣」，由此可知，練太極拳是要行氣，是要練氣的，所以如果有主張太極拳不必練氣者，都是與太極拳相悖離的，都是違反了太極拳之原意的，雖然打的型是太極拳，比劃的招式是太極拳，但欠缺了太極拳的深層內涵——**練氣**，這樣只能稱之為「太極操」，不能叫做太極拳，因為這樣的體操運動形式，只是活動肢體的養生健康而已，無法成就太極拳的甚深功夫——內勁。

　　以心行氣，用白話解釋，就是「用，心識意念運行氣息」。這邊所說的「心」是指「心識」、「心念」、「意念」的意思，也是指我們的「意識心」，能夠默識、想像、內觀、思維、整理、統合的意識心。

　　氣是可以透過意念而加以導引、牽動、行運的，如果沒有「以心意」來「行氣」，這個透過鼻腔所出入的氣息，將只是一般的呼吸而已，不是太極拳所稱之的「行氣」；普通的呼吸，是不能成就太極功夫的。

　　人是藉由呼吸而存活，沒有了呼吸，生命即將終結，

但這種普通的呼吸與太極拳的「以心行氣」，是有別的，所以，太極拳的「以心行氣」和一般呼吸當然是相異的，雖然兩者出入息的氣，都是同樣的氣，但太極拳這個「以心行氣」的「氣」透過心意的運為、蓄納、牽動、導引等等機制，卻能產生與一般呼吸的氣所沒有的效應、能量，以及一般人所忽略與不信的「內勁」功夫。

「以心行氣」，這句話，「心」是主，「氣」是從，主從關係要先分清楚，如果沒有這個「主」地位的心，氣也將無從行運，無從導引，所以，行氣是以心為主導，如果這個心不在，這個「主人翁」不在，那麼，這個氣，只是一般人的呼吸，一般人的出入息而已，是無法成就太極功夫的。

普通人的心，是浮動的，是散漫的，是雜亂的，心似猿猴意像馬，大部份是浮躁奔馳的，很難安靜下來，所以氣也很難凝聚匯集。

練太極拳首要條件，就是要把自己的心先安住下來，讓自己的心，安靜平和，所謂「心平氣和」是也，心若不能平靜，氣則浮濁，沒有辦法修練太極拳。

這個心，還要「正心誠意」，心要正，意要誠；若有邪念，心術不正，則氣也將淪為污濁的，行運起來將不會有正面效益。

還有，心要有「正信」，要相信太極經論之言，相信祖師爺之語。有些學太極拳的，並不相信太極經論，不相信練太極拳要練氣，認為練氣是不符合科學理論的，也否認氣的功能，更不信有「內勁」的存在。然而，很多

不可思議的東西，並非科學、科技所能證驗，若心有「狐疑」，若心存「過慢」，若心不信祖師爺之言，不信拳經、拳論、行功心解之論述，那麼，學練太極，將不會有正面意義，也絕對無法成就太極功夫。

行功心解裡面，講到很多的「心」，例如，「心為令，氣為旗」、「先在心，後在身」、「神舒體靜，刻刻在心」等等，所以，修練太極，不可缺少這個「心」。

行氣，如何行呢？行，就是行使、牽動、引導，透過這些機制，使藉由鼻腔所吸進來的氣，經過丹田的蓄納、吞蘊、鼓盪、摺疊等等，以及意念的引動，令氣在體內輸運、行走、動轉、沉斂。譬如，氣由丹田經尾閭，上行督脈，經百會，下行任脈，歸於丹田，此為小周天。行氣如九曲珠，氣運全身，氣遍周身，牽動往來，週而復始，這就是行氣，大意如此。

然而，行氣有方法，還得有師父口傳心授。行氣，宜先養氣，使丹田之氣凝聚飽滿，再來運行，否則，火燒空鍋，於事無補。氣如何養？韜光養晦，淡除五慾，清心寡求，氣乃能直養。

太極拳的行氣，與一般「氣功」是有別的，普通氣功只能養生，無法成就內勁，所以，雖然所練的氣，是同樣的氣，但方法、內涵是不同的。如果誤認一般氣功與太極拳行功相同，而以此想成就太極內勁，是不可能的。

然而，太極拳之行功，也是氣功的一環，不可謂太極拳不是氣功。讀畢「行功心解」全文，即可了然太極與一般氣功異同之處。

第二節 務令沉著

務，作「必須」解，必須要這樣，一定要如此的意思。令，作「使」或「讓」解，也就是必須使這個氣沉著，讓這個氣沉著。這是接前一句的「以心行氣」而說，一定要讓這個氣沉著的意思。如果，行氣而不能沉著，這個氣就不能收斂入骨，不能收斂入骨，則無法匯聚累積而成就內勁。

氣沉著的感覺是怎樣？如何感覺氣是不是沉著的？這是一般初學太極拳者普遍的問題。

氣，不管是外面的空氣，或體內的「炁」，都是有質量的，雖然我們的肉眼看不到，但它確切是一個量能，有一定的質量與重量。

只有苦心孤詣，有恆心，有毅力的人，堅苦卓絕之人，經過常久的以心行氣及以氣運身，經過極鬆柔，不用一絲拙力的修練，令氣慢慢地沉入丹田，沉入腳根，沉入手臂，終而能自我感覺到「氣」的「沉著」。

氣的聚集丹田，是經過長久的以意念的行功運氣而致，經由「腹內鬆淨」，然後沉聚於丹田。練功時透過靈靜、意守、正心誠意，日久而氣始沉聚於丹田。這裡所謂的「腹內鬆淨」並不是狹義的指腹部之內，而是泛指整個身體之內，包括周身的神經、肌肉、骨骼、筋脈及氣的運使等等，都須鬆淨，不著一絲拙力。

　　經過長久的修習，內氣逐漸充滿、厚實。當氣沉聚於丹田時，丹田處會形成一個小氣囊，像是一個小圓球，用手掌壓按，氣會往丹田四方流聚，就像氣球受壓擠的情況一般；而且能感覺丹田的富有彈力，會回彈、反彈。

　　氣凝聚於丹田，可以抗打擊，因為那個如小氣球的囊，有承受力擊的作用，也能接住對方的來力，加以反擊。

　　氣，是可以被守護的，是可以被照顧的，只要好好的守護著它，照顧著它，它就不會亂跑，不會散漫。

　　氣要如何沉至丹田，靠的就是一個「鬆」字，鬆了，氣自然會慢慢下沉，一用拙力，氣就虛浮。

　　練氣首要就是要鬆，鬆才能沉，沉了，才能凝聚，凝聚了以後，就是守著，不要讓它跑掉。

　　氣，是靠意念來繫守，守著氣，照顧著氣，好像照顧一個小孩，不能讓小孩丟失，所以就得專心一意的，凝神安靜的，恭恭敬敬的，守護著它，把氣當作寶貝似的看顧，這樣它就會乖乖地安住在神殿丹田中，不失不離，永遠與你同在。

　　行功心解中段有說到：「氣以直養而無害」，氣的直養，就是把氣沉守於丹田，讓這個氣海的容量越深越廣，因為永不溢損的原故，氣就更形結實、渾厚，並且富有韌性，充滿彈力。

　　這些論述，都是祖師們的「老生常談」，說了再說，反覆的重說，目的是要將這些觀念植入後輩晚生的腦海深

處，有了這個知見，就能不即不離，時常把氣守護著，照顧著；你如果眷顧著它，它就會乖乖的留在你身中，與你同在，功夫行深時，氣就收斂入骨，匯聚成內勁。

「內勁」比「氣」更深沉，更入裏，更有質量，所以手臂提起來總比人更沉重，沒有出力，卻令人感覺很「沉」。

若還感覺不到氣的「沉」，只有更努力的深耕修練；氣的少分凝聚，有時是感覺不出來的，當感覺到氣沉之時，它已是累積到一定的深度、層次了，也就是內勁已逐漸圓滿茁壯，此時已然成就了太極拳少分的功夫了。

這個時節，很多功夫都會莫名其妙的衍生出來，很多的招法、用法，都將延延不斷的生出，而能融會貫通；然後，你也能將這個「沉」、與「氣斂」的感覺，說與人聽，讓人真正體會什麼是「沉」。

氣「沉著」的前提，是一個「鬆」字。什麼是鬆，鬆的真義又是什麼？

太極拳「鬆」的練法是一般武術所不能理解的，一般人總認為武術是離不開「力」的，就一直偏向「力」的追求，所以都是需要借重一些外物以及擊破等的練習，或者苦練皮肉筋骨，使其堅硬如鐵。太極拳往鬆柔的路線追尋，向練氣的方向探索，太極拳強調「用意不用力」，更強調「鬆」。

太極拳講求鬆柔是正確的，但是如果誤解了鬆的真正意涵，將會流入體操式的太極拳，只是外表拳架姿勢優美而已。

　　鬆柔的目的，是讓氣能沉著，順暢而不滯礙，令神經舒放，使肌肉筋骨擴展而不疲勞。身心舒鬆靜定後，加上神意的驅動與導引，能令氣騰然，騰然後斂入骨髓，日積月累，形成「內勁」，蓄而備用。鬆柔是令氣沉著的方法，氣的沉著是斂聚內勁的必要途徑，內勁才是太極武術的真正內涵。

　　然而，鬆，被大部分的人誤解了，以為鬆，是不著一絲力，像洩氣的皮球，軟趴趴的。以為鬆，就像柔軟體操一樣，腳能抬得高高的，腰能彎至貼腳，劈腿成直線，這些只能說是肢體的柔軟度好而已；真正的鬆，不僅是肢體之美，還含蓋意的流露與氣的沉斂，勁的盪動，腳根的盤踞如山，腰、腿、腕、掌的擰、纏、扭、彈等等，說之不盡。

　　鬆，不是鬆懈、鬆散，不著一點力。鬆，只是不著「拙力」。拙，是笨劣的意思，是頑固不冥的，是蠻橫呆滯的，是阻礙不暢的。使了「拙力」，氣則結滯不能沉著，勁則不生；鬆懈、鬆散，氣亦不凝，勁亦不生。

　　「不著拙力」，不是完全不用力，如果不用力，手提得起來嗎？腳踏得出去嗎？腰能動轉嗎？所以還是得用力，然而「用力」只是讓身體手腳發生動轉的機制而已，它不是練「勁」的「法」。力，只是讓肢體啟動；氣，才能令內勁潛沉。

　　鬆，只是外表看來似鬆，而內裡則是摧筋拉骨的，是涵蓋二爭力的抗衡的，是氣的驅動，意的導航，神的凝思，是無限密集的內在滾蕩，所以鬆柔其實是生機勃勃

的，是氣機盎然的；鬆，非鬆散、懈怠、虛浮飄渺的。行功心解末段云：「勁似鬆非鬆，將展未展」，似鬆非鬆一語，已道盡這個鬆並非「頑鬆」，並非鬆散、鬆懈。如果不會運氣，只是身體鬆軟，那是成就不了功夫的，宜認真思維、體悟，如果悟錯了，在矛盾中找不著結頭，就會陷入迷霧之中，永遠到不了目標。

第三節　乃能收斂入骨

乃，是一個副詞，作「才」解，才能夠的意思。整句白話而言，就是說：「用心意調運導引這個氣的流行，一定要沉著鬆淨，才能使氣收攝斂入於骨。」

骨，是由有機物和無機物組成的，有機物主要是蛋白質，使骨具有一定的韌度；無機物主要是鈣質和磷質，使骨具有一定的硬度。人骨既有韌度又有硬度，兒童的骨，有機物的含量比無機物為多，他們的骨，柔韌度比較高，老年人的骨，無機物的含量比有機物為多，他們的骨，硬度比較高，容易折斷。

骨有造血功能：骨髓在長骨的骨髓腔和海綿骨的空隙，透過造血作用製造血球。

骨有貯存功能：骨骼貯存身體重要的礦物質，例如鈣和磷。

骨有運動功能：骨骼、骨骼肌、肌腱、韌帶和關節一起產生並傳遞力量使身體運動。

以科學及人體生理學而言，骨有造血及貯存功能。血

必須有氣的引助才能循環無礙，骨骼能貯存鈣和磷等礦物質，也能貯存人類肉眼所看不到的氣，若沒有氣這個肉眼所看不到的能量，就無氣息生機可言。

修習太極拳，透過鬆柔、靜定、正心誠意等等機制，使體內這個無形無象的氣，產生某些不可思議的量能變化，使氣產生「騰然」之作用，騰然之後就會薰入於骨骼筋脈之中，這就是收斂入骨，也就是透過「以心行氣」、「務令沉著」及種種太極的修練方法，使氣產生騰然作用，進而收攝斂入於骨。

行功心解云：「先在心，後在身。」「腹鬆，氣斂入骨。」「神舒體靜，刻刻在心。」太極拳之行功，「心」與「身」都必須相互連結、貫通的，先在心，後在身，心是主人翁，身是侍從。

這邊說到腹鬆，氣斂入骨，腹鬆，是說丹田之氣要鬆淨、順暢，不可結滯、遲鈍。若能神舒體靜，刻刻在心，腹內鬆淨，則「氣騰然」，然後氣斂入骨。十三勢歌云：「刻刻留心在腰間，腹內鬆淨氣騰然。」這邊又反覆的說，要時時刻刻把心駐留在腰間這個丹田之氣，這丹田之內的氣若能鬆淨的話，氣就會騰然起來。氣騰然後，收斂入骨，日積月累，匯聚成「內勁」。

某些人不相信行功心解這些理論，不相信有內勁這個東西。我們可以自己實地去作試驗。譬如，「腹內鬆淨氣騰然」這句話，如果能把心真正安靜下來，不存一思雜念妄想，很專注的意守丹田，體內的氣就會有熱騰的感覺，如果沒有熱騰的感覺，就是自己的心不夠靜定。

　　氣騰然就像燒開水，水燒到某些熱度後，就有煙霧蒸氣產生，又譬如，煮菜油煙騰起散開，若不擦拭，日久就會積存一層油漬，如果廚具是木製品，有微細孔，這些油氣就會滲入木頭裡面。依此邏輯，體內之氣，於騰然後，滲入收斂入骨當可推理而成立。

第二章 以氣運身，務令順遂，乃能便利從心。

第一節 以氣運身

以氣運身是說用丹田之氣運行周身的意思。這邊的主從關係，氣是主，身是從，必須先得凝聚足夠的氣，丹田有飽滿的氣，才能行運全身。所以學練太極，最重要的課題，就是先培養正氣，養足丹田之氣。這就好像以水力發電，必須先要水庫的水，儲存聚滿一般，若無足夠的水，電將無從而發。那麼，氣要如何養呢？還是那句話，正心誠意，恭恭敬敬，把心安住下來，然後把氣固守在丹田，好好的照顧著它，不即不離，正是行住坐臥，不離「這箇」，這個「這箇」，就是所謂的「意守丹田」、「氣沉丹田」是也。

養氣可以利用站椿來培養，不僅可以打好下盤的基礎及手的掤勁，也是氣沉丹田的鍛鍊方法。養氣必須注意三件事：

一、要鬆：

全身上下皆鬆，不存一絲拙力，精神放鬆，沒有半點雜念妄想。

二、要靜：

心平氣和，精神貫注，體靜心靜。

三、用意：

以意導氣，心向內收攝、觀照、思維。

本章因為氣是主，身是從的關係，所以要特別強調「氣」的重要性。

氣，在人體中佔著極為重要的地位，在太極拳武術當中，氣的地位也是最為重要的。氣，在體內用以溫養、運血、滋潤全身；以氣運身，不只可以達到溫養、運血、滋潤全身的健康養生功效，在太極拳的技擊功能之中，因為有氣的運行、牽動、鼓盪、吞吐、折疊、蓄放等等作用，所產生的不可思議的內勁，能在瞬間，迅雷不及掩耳的爆破，這種意到、氣到、勁到，所引發的強烈完整一氣的爆發力，遠非「斯技旁門」所能比擬的。

如何以氣運身？行功心解裡說到：「往復須有折疊，進退須有轉換。」又說：「牽動往來，氣貼背，斂入脊骨。」又說：「運勁如抽絲」、「氣如車輪」又說：「行氣如九曲珠」等等，都是在敘述以氣運身的方法，這些將會依順序專篇的一一細說。

第二節　務令順遂

順遂：順，是順暢沒有阻礙，遂，是妥當如意。務令

順遂就是說，以氣運身時，務必要使氣通順暢達，沒有一絲阻礙，要使這個氣稱心如意，舒展而不拙滯。

俗話說：「通則不痛，痛則不通。」，意思是說一個人的身體，如果氣通達順暢，就不會有病痛，若是有病痛，乃是氣不順遂的關係。所以，人的身體是否健康，與氣的順遂是有連帶關係的。為了健康，為了使氣順暢，因此自古就有很多類似氣功的功法之衍生，如八段錦、五禽戲等等，以及近代的各式各樣氣功如雨後春筍般的創新，頗令人眼花撩亂。

太極拳也是氣功的一環，含蓋了養生健康內涵，而養生健康只是太極拳的副產品之一，太極拳還兼具一般氣功所沒有的內勁武功，及甚深的技擊防衛藝術。

修練太極拳，無論是站樁或基本功，或拳架、推手，及高深的散手技擊，都有行功運氣的內涵，如果缺少這個行功運氣，則不得謂之太極拳，是屬於「斯技旁門」之屬。以心行氣，以氣運身，是太極拳最重要的內涵，所以，行功心解開頭就列出此二句，令後學之人能知所重視。

太極拳之行功，除了呼吸吐納調息之外，還有肢體的動作相配合。

先說呼吸要如何才能順遂？呼吸就是吐納，吐舊納新。將外面新鮮的空氣，經由鼻腔吸入體內，再將體內之廢氣毒素排出體外。但是，如果只用平常之自然呼吸，效用是極微的，所以必定要透過學習太極拳的呼吸，始能得益。

一般的運動，純是肢體之活動，不能運動到體內的五臟六腑；而太極拳的呼吸、吐納運氣，是著重在五臟六腑的運動，藉由吐納導引，驅使橫隔膜上下鼓盪，使內臟得到活動與溫養，達到健康長壽的目的。

一般的呼吸都在肺部胸腔，太極拳的呼吸在下腹丹田處。丹田，是凝聚真氣的地方，因為可以無窮盡聚存真氣，像大海能納百川，永不溢滿，所以才會說「氣以直養而無害」，永不溢損故。

呼吸要，深、長、細、慢、勻。以氣運身之時，要深及下腹丹田處，氣要拉長，要很微細，而且要很慢而均勻舒遂，不可急促氣喘或憋氣。

呼吸調息有四相：

一、風相：

呼吸時鼻中氣息出入感覺有風聲，這是呼吸之病。

二、喘相：

呼吸雖無聲，但氣息出入，結滯不暢順。

三、氣相：

呼吸雖無聲亦不結滯，但出入不細。

四、息相：

呼吸無聲、不結滯、不粗，出入細細綿綿，似有似無，若存若隱，神氣安穩。

　　前三相，是不會呼吸，不懂得呼吸，是不順遂的呼吸，第四相是正確的呼吸。所以呼吸是有學問的，想練就好功夫，先得練會呼吸，否則將會落到「練拳不練功，到老一場空」的窘境。

　　太極拳之呼吸，大部份是採腹式呼吸，也就是丹田呼吸。吸氣時，把下腹微微內縮，將丹田之氣，引至背脊及兩腎之間，謂之「氣貼背」。此時橫隔膜往上升，鼓盪了內臟。

　　吐氣時，將廢氣慢慢吐出，此時雖是吐氣，而體內之先天真氣會往下沉，要練習至氣沉入丹田，在這同時，因氣之下沉而令橫隔膜往下壓縮，也鼓盪了內臟，這就叫「內臟運動」，內臟透過這樣的鼓盪作用，氣血即能順遂暢通而活絡，生機蓬勃，使人神清氣爽，健康而有活力。

　　腹式呼吸法，能夠吸進大量的新鮮空氣；胸式呼吸，在吸氣時無法完全膨脹肺葉，吐氣時也無法將廢氣完全排出。所以腹部呼吸是比較好的呼吸，也是人在嬰兒時採用的呼吸。

　　在拳架動作方面，練拳配合呼吸，原則為：開為吸，合為呼；提起為吸，放下為呼；蓄勁為吸，發勁為呼；如果某個動作過長，中間可以加一個小呼吸，以資潤飾接續，順利完成呼吸。

　　所謂順遂，就是順乎自然原則，不刻意，不矯揉，不造作，不故意去駕力憋氣，臉紅脖子粗，不裝模作樣，扭腰擺臀，手指亂抖。

　　氣，順遂了，才能便利從心，為心所用。

第三節　乃能便利從心

便利，台語謂之利便。便，是方便、安適、順當之意；利，是有益處，有功效，有作用。從，是依順服從；從心，就是依從心念，順隨意念的意思，也就是隨心所欲的意思。

以氣運身，離不開「意念」，以氣運身，強調的是「順遂」。茲分二方面來敘述：

一、意　念：

「用意不用力」，是太極拳口訣，用意，是以內在的意念思想，去引導驅動外在的肢體活動。盤架子，如果缺少「意」的維繫，則是空架子一個，沒有內涵，缺乏拳韻，只是一具沒有靈魂的軀殼在舞動，就如戲中缺了主角，看起來就不會那麼精彩生動，扣人心弦；又像一篇文章，只是詞句彩麗而沒有結構主題內容；又彷如繡花枕頭，只是外頭好看。練拳不用意，沒有以心行氣，只是體操而已，不能成就太極內勁功夫。

用意，乃神意相守，心息相依，耳目內聽返視，內心深處若有所思，如有所盼，斂而不露，將意念溶入拳中，如是，則內外相合，上下相隨，意動氣隨，氣隨勁生，勁藏入骨，功力漸成。

然而，用意，需要正規適當，否則將會變成「刻意」。

刻意，是用意過了度。刻意就是使用了蠻力、僵拙力；身體一旦使起蠻力，肌肉及神經就會呈現緊張狀態，骨突筋露，動作呆滯不靈，顯得造作不自然，沒有鬆柔感。

刻意，將使氣血循環受阻，反應遲鈍，無益健康；在技擊搏鬥時，易受制於人。刻意，也將無法達到「順遂」的境地。

練拳要「勿忘勿助」。勿忘，就是不要忘了「用意」；勿助，就是不要太「刻意」，無意不對，刻意也不對，總要在有意無意之間才對。拳經云：「無過與不及」，正是此意，要在矛盾之中去領悟道理。

二、順　遂：

所謂「順遂」就是要做到拳經所說的：「無使有缺陷處」「無使有凸凹處」，「無使有斷續處」。分述如下：

1、無使有缺陷處：

以拳架而言，不平不整謂之缺陷。重心失去平衡，沒有中定，謂之缺陷；虛實變化不靈，陰陽沒有分清，含混略過，謂之缺陷；沒有貫串，完整一氣，謂之缺陷；身形不協調，上下不相隨，左右不對稱，內外不相合，謂之缺陷。以推手或實戰而言，無法使出整勁，勁不接地，沒有其根在腳，主宰於腰，謂之缺陷。

2、無使有凸凹處：

上下起伏不定，忽高忽低，搖擺不穩，飄浮無根，都會形成凸凹處。

神離、意斷、氣不順遂，會形成凸凹處。發勁著力，腳未接地，手腳分段離析，易形成凸凹處。

發勁氣不凝，著了拙力、蠻力、硬力，會形成凸凹處。

3、無使有斷續處：

斷續就是斷離不連接之意。打拳架沒有如行雲流水，滔滔不絕，綿綿密密，把動作分開使運，沒有透過摺疊、轉換把每一式接續貫串起來，即成有斷續之處。

發勁時，意與氣不相合，氣與勁不相合，沒有完整一氣，則落於斷續之病。

沒有其根在腳，發於腿，主宰於腰，形於手，沒有把它一氣呵成，即是落於斷續之處。

有缺陷之處，有凸凹之處，有斷續之處，身便散亂；身散亂，則氣不凝；氣不凝，則勁不聚，在實戰時就不能得機得勢；不能得機得勢，則是挨打的架子。

沒有缺陷之處，沒有凸凹之處，沒有斷續之處，始得謂之「順遂」。

第三章　精神能提得起，則無遲重之虞，所謂頂頭懸也。

第一節　精神能提得起

　　精神是指「精、氣、神」而言，精氣神是人體生命活動的三大要素。

　　精，廣義而言含蓋精、血、津液，狹義而說專指藏於腎中之精。精，原於先天而養於後天，相輔相成。

　　氣，先天元氣存於丹田，後天之氣，指呼吸與水穀之氣，兩者也是相輔相成。

　　神，是生命的主宰與象徵，先天之神謂之元神，通俗所稱的神，是指意識思維活動所展現的情緒。

　　精氣神三者互相轉化依存，凝聚者為精，流行者為氣，妙用者為神；精足則氣旺，氣盈則神聰。精為基本，練精可化氣，練氣可化神，練神則還虛，是為修練太極之三部功夫。

　　「精神能提得起」，是說精氣神三者皆充足凝聚，所表露於外在的精神、氣勢、神采等等，就能顯現提升起來。所以，精神能提得起的前提要件，就是精氣神三者兼具充沛；若是缺乏其中之一，精神就提不起，展現於外的將是萎靡不振、垂頭喪氣、神情衰頹、鬱鬱憂傷。

「精神能提得起」，於內而說，就是精氣神充聚；於外而言，就是本章第三節所敘的「頂頭懸」，在肢體外形上，必得做到「頂頭懸」才能使精神提振起來，這部分將於第三節細說之。

第二節　則無遲重之虞

遲，就是遲緩、遲鈍、呆滯。

重，就是笨重、拙劣、不靈活。

虞，是憂慮、顧慮的意思，也是指一種弊端、毛病的意思。

這是接續前一句「精神能提得起」，而說「則無遲重之虞」，也就是說，精氣神三者充實，能提擔起來，那麼，就不會有遲緩、遲鈍、呆滯、笨重、拙劣、不靈活等等的弊端、毛病與憂慮、顧慮。

學練太極，除了精神提擔不起來，而有遲重之虞外，其他還會有遲重之虞的，還有下列幾種，是值得注意的。

1. 執著拙力：

不肯放棄先天擁有的蠻拙之力，不願意走「以心行氣、以氣運身」的鬆柔路線，固執於蠻剛頑拙的呆滯之力。用上蠻拙之力，氣則虛浮而上，難免氣喘，動作鈍怠，而罹犯「遲重」之病。

2. 沒有完整一氣：

「完整一氣」這個名詞，只有太極拳有，太極拳經云：「其根在腳，發於腿，主宰於腰，形於手指；由腳而腿而腰，總須完整一氣。」不論打拳架、推手或散打，都不能離開這個「完整一氣」，若離開這個「完整一氣」，手是手，腳是腳，腰是腰，分崩離析，就成為「斷續」狀態，成為「斷勁」狀態，因為沒有「整勁」的緣故，則有「遲重之虞」。

3. 不知虛實變化：

虛實變化，不論在拳架或推手實戰，都佔著極為重要的地位。

在拳架中，虛實轉換不靈，或虛實變化不清，含混略過，就不能呈現太極如行雲流水般的柔順優美，就不能表露像滔滔江水般的豪邁氣勢，相反而言，就會表現出「遲重」的弊病。

在推手或實戰中，如果沒有虛實的神變，就會現出「遲重」的毛病。以腳的虛實來說，在移步騰挪、前進後退當中，就會顯得滯礙不活；以手的虛實來說，聽勁不靈敏，虛實變轉呆鈍，則將成為挨打的架子；以丹田之氣的虛實來說，意與氣的轉變不靈，則無圓活之趣，也落入「遲重之虞」當中。

4. 樁功沒有成就：

下盤不穩，樁不入地，發勁無法借力，因為沒有樁功做基礎，不會發勁，在推手或實戰當中，只能硬取，使出渾身蠻力，落於「遲重」之病。

第三節　所謂頂頭懸也

頂頭懸，就是把頸項豎立起來，使頭頂保持正直安舒，使氣血順暢無礙，頭頂懸立起來，精神自然能顯現出來，精神能提起來，則不會有「遲重」的毛病。

頂頭懸，就是拳論所說的「虛靈頂勁」，又稱為「虛領頂頸」。

虛靈頂勁，就是將頸部虛虛輕輕的領起，不要垂下來變成垂頭喪氣，也不要往後仰，眼睛長在頭上，顯示出傲慢相。頂勁，是將頸椎輕輕向上頂起，用內氣內勁輕輕頂著，不是使用硬力拙力去頂，「頂」字往往被誤會成用力頂，如果用力頂，則違反拳經所為「不丟不頂」的原則，丟了就不能虛靈，變成冥頑，腦筋暗頓。所以「頂」是涵拔的意思，含蓋著掤意在內，能使氣血通達百會穴，然後往下而氣沉丹田，令氣在體內循環無阻。這邊太極拳論「頂勁」用「勁」字，很顯然是要以心行氣的，是要運到內勁的，才能使氣通行的。

行功心解所謂的「頂頭懸」，就是虛靈頂勁的意思，能「頂頭懸」，則能「精神提得起，無遲重之虞」。古時

候的人留長頭髮，紮辮子，將辮子往上拉，頭就挺拔直立起來，就會有精神，不會昏沈打瞌睡，讀書才能記憶，這就叫做「頂頭懸」，把頭懸起來，頂起來就叫做虛靈頂勁。下巴微微往內收，就能虛靈頂勁，就能頂頭懸。我們看武聖關公相，正身端坐，一手拿千秋，一手攬著鬍鬚，眼開三分，虛靈頂勁，一副正氣參天，正氣凜然的威儀，就叫人生起敬畏之心。這是虛靈頂勁，這是「頂頭懸」。

　　虛領頂頸與虛靈頂勁，是同一意思，只是後人在譴詞用字有別而已，是相通無異的。

　　我們的頸椎，是由多個椎骨串連起來的，它也是蠻脆弱的，稍不留意就會受到傷害，那麼頸椎的底部需要有個依靠，就像積木一樣，底部需要穩當，如果底部搖晃，上面的積木就會全部崩塌下來。所以需要虛靈頂勁，以內氣作為頸椎的依靠，那麼在頭頸受到劇烈搖晃時，才不會受到傷害。

第四章　意氣須換得靈，乃有圓活之趣，所謂變轉虛實也。

第一節　意氣須換得靈，乃有圓活之趣

　　氣是被意念領導而運行的，氣若無意念的驅使、導引，則人體的一切行動、運為，都將是一般平凡普通的活動而已，無法成就太極功夫。修練太極拳，意與氣是不可或缺與分離的，也因為有意與氣的結合，使得太極拳成為與眾不同的另類武術，使得太極拳更具柔剛之美，使得太極拳成為體用兼備的功夫藝術。

　　意與氣之間的轉換變化，必須機動靈活，打起太極拳才會有圓融活潑的趣旨與韻致。那麼，意與氣之間，須如何才能轉換變化靈活呢？太極拳要如何打，才會有圓融活潑的趣旨與韻致呢？

　　氣的靈活轉換，除了意念的驅使之外，還得依靠丹田的納吐、蓄蘊、摺疊、鼓盪等等機制的運為，相互而成。

　　納吐，就是腹式丹田呼吸，藉由丹田的鼓盪輸運傳送，使之起到運轉作用。蓄蘊，就是把氣蓄養積存蘊藏在丹田，也就是氣沉丹田之意。摺疊，會在往後的章節「往復須有摺疊」中，專章論述。鼓盪，氣的鼓盪分為內與外。內，指藉由呼吸吐納，促使橫隔膜上下壓縮，振盪內

臟，使五臟六腑得到運動與溫養，達到強化內臟的作用，使體內氣機活化，激發臟腑功能，強壯內臟。外，指外面的空氣，體中之內氣要與外面的空氣，互相摩盪，產生一道道的阻力與暗勁，藉由內外氣之互摩相盪，產生往復摺疊的圓弧迴旋力，圓弧迴旋的往復摺疊，成就連綿貫串的圓順活潑之太極韻致意趣。內外之氣的鼓盪，當然得透過練氣階段才能成就，所以太極拳是要練氣的。

　　當丹田之氣凝聚飽滿，透過太極拳的種種修練，就能以意導氣，意到氣隨，氣到勁到，這中間的快速傳遞，彷如迅雷不及掩耳，達到發勁人不知的高深境界，也就是說發勁打到人家身上，對方還未有所察覺，等到感知時，已被打出丈外去。為什麼能夠如此呢？當丹田之氣成就圓滿，即能透過意念的驅動，只要「下意識」裡一作意，也就是說在心裡起一個意識念頭，就能引動丹田之氣，去作發勁、化勁、或連消帶打或化打合一的太極甚深功夫。

　　意氣要換得靈，第一，必須以意導氣，第二，必須以丹田做為行運換氣的依歸。意，分為意識、潛意識、下意識等。

意　識：

　　是可以清楚明白辨識、分別、表達現實的活動，簡單地說，是人的大腦心智可以明顯的認知現實生活的一切活動。

潛意識：

　　潛藏而不表露在外面的認知、思想等心智活動，潛意識具有記憶儲蓄功能，潛意識能像電腦資料庫，可以儲存

人所有一切活動造作和思想行為等等。人從出生到老死的所做所為、所見所聞等一切業種，都會進入潛意識並儲存起來。

下意識：

包括可以馬上轉為意識的訊息，它不是在意識的層次裡，此類訊息包括不常用的記憶，但需要時即可浮出意識的層面。另外，有些自動化的行為也儲存在下意識中，自動化的行為是指不需意識決策的動作或行為，例如：在路上開車，你需要看路，踩油門，打方向燈，聽音樂，轉彎，同時和人交談，你可以一次做這麼多事，是因為開車已經變成自動化。

修練太極拳，透過意識的傳遞、認知、辨識、思惟、整理、統合等作用，使得所有動作、感覺、反應等，被大腦所記憶，並儲藏在潛意識之中，有些反射作用會變成自動化，成為下意識，在緊急而必要時，自動反射出來，譬如，推手或搏擊時的聽勁、化勁、接勁、化中帶打等等反應，可以不經意識的特意傳達，而迅速的做出必要的保護與反擊動作，自然的達到圓活、融通之趣旨，這些都是「意氣換得靈」的修為所致。

第二節　變轉虛實

虛實，就是陰陽。太極的內涵，就在陰陽之中，陰極而陽生，陽極則陰生，陰陽互動轉換，即是太極。在太極圖中，陰不離陽，陽不離陰，陰中有陽，陽中有陰，陰陽

互消互長，相輔而成。

　　拳論云：「陰陽相濟，方為懂勁。」陰陽就是虛實，懂得虛實變化而且變化得宜，才是懂勁之人。

　　拳論云：「偏沉則隨，雙重則滯；每見數年純功，不能運化者，率皆自為人制，雙重之病未悟耳。欲避此病，須知陰陽。」

　　因為不懂得陰陽虛實變化的緣故，無法運化對手的來勢與勁道，而造成「雙重」的局面，所以都會被人所牽制，這都是「雙重」的毛病沒有悟通；想要避開這個毛病，必須知道陰陽變化之道，必須懂得虛實變轉之理。

第三節　　虛實與雙重

　　拳論云：「偏沉則隨，雙重則滯。」

　　一般所謂的「雙重」，都局限在雙腳的比重，只要兩腳五五等分站著，即責之為雙重。個人以為，雙重應該是廣義的泛指全身的虛實而言，非狹義的專指兩足之雙重，兩足之雙重未必會影響全身的走化，

　　所謂「偏沉」就是「轉變虛實」，虛實善於轉化，敵則落空；不會變化虛實，才有雙重呆滯之虞，能領悟體會這個道理，則無雙重之病，才能說功夫已臻純熟；若不能領悟體會這個道理，雖然腳無雙重，虛實分得清，然而如果周身全體之虛實不能變化，仍然是落於雙重的態勢。

　　十三勢歌云：「變轉虛實須留意」、「因敵變化示神奇」、「屈伸開合聽自由」。行功心解曰：「步隨身轉，

收即是放，斷而復連；往復須有摺疊，進退須有轉換。」這些全部都是在強調虛實變化的重要，所謂「懂勁」必是包括懂得變化虛實在內；懂得變化虛實，才能便利從心，才能隨心所欲，意氣才能換得靈，才有圓活之趣。

某師謂：「所謂總此一虛實者，即其根在腳，將全身重量必須放在一隻腳上，若兩腳同時用力，便是雙重，雙重即如少林拳馬步，此為太極拳最忌之大病。」大師此段話，為後來學太極拳者奉之為聖旨，特別強調全身重量必須放在一隻腳上，不可雙重。

腳之雙重非病，也非太極拳之大忌。少林拳馬步可以用來單練樁法，練太極拳也有馬步樁法之練習，如渾圓樁等是，所以學練太極拳者，不可藐視他家拳，他家拳種也有另面的優點。

太極拳經云：「虛實宜分清楚，一處有一處虛實，處處總此一虛實，周身節節貫串，無令絲毫間斷耳。」拳經說，虛實應該分清楚，一處有一處虛實，是指全身各處均有各處之虛實，非侷指腳之虛實；處處總此一虛實，是說每一個地方都要有虛實變化，非專指腳之虛實；「周身節節貫串」，這邊有說到周身，周身，即全身各處，節節，即各各關節，皆要貫串，也就是要連貫靈活的變化虛實，不能有一絲一毫的間斷，間斷，就是不連貫，不靈活，不能變化虛實。

拳經並未說，打太極拳必須將全身重量放在一隻腳上，若兩腳同時用力，便是雙重，拳經所說的處處總此一虛實，並非專指腳之虛實而已，而是教我們要周身節節貫

串，不可有絲毫間斷的。如果固執於全身重量必須放在一隻腳上，而不明白處處總此一虛實的道理，就會走入死胡同，不能達到「純熟」與「懂勁」之境地。

此師所謂：「所謂總此一虛實者，即其根在腳。」個人以為「處處總此一虛實」者，絕不僅止於腳，因為它的前面還有一句「一處有一處虛實」，已然很明白的說明全身上下，都有虛實的，絕不止於兩腳重量的虛實，應該還包括無質量的虛實，如聲東擊西、引君入甕、以退為進、引進落空、故呈敗狀、假假真真等各種欺敵手法，都在虛實變化之範疇。

「其根在腳」，是指發勁或打拳架之質體而言，非專指虛實。因為拳經明白指出「其根在腳，發於腿，主宰於腰，形於手指，總須完整一氣」，是在敘述發勁或打拳的要領，發勁必須根於腳，再由腿而腰，形於手指，如此始能完整一氣，才能發出整勁。

拳論並未說「處處總此一虛實，即其根在腳」，而是說「處處總此一虛實，周身節節貫串」，拳論強調的虛實，是泛指全身要節節貫串，亦即周身之虛實皆須貫串起來，不能分開，不是片斷的，不是局部的，也不僅止於腳。上虛則下實，前虛則後實，左虛則右實，所謂左重則左虛，右重則右杳是也，要因敵變化而示神奇，非固執偏重於雙腳的虛實與雙重。

讀經看論，不能依文解義，也不必人云亦云，毫無主見。如果聞而不思，依樣葫蘆，則無法跳脫別人所劃的框框，只能在框框中翻來覆去，永遠不能融會貫通。

　　兩足雙重非病，周身虛實無由變化，才是病；全身虛實不能變化，處於受制地位，才是挨打的架子。兩足雙重，還有身體可以變化虛實，故言非病。

第四節　雙重之病未悟耳

　　一般的太極拳老師，都把兩腳站立的比重相等，解釋為「雙重」，認為這就是王宗岳老前輩拳論所說的「雙重之病」。若是這麼簡單，則老前輩就不會說「未悟耳」這三個字，如果只把兩腳站立的比重相等解釋為「雙重」，就沒有所謂的悟不悟的問題，只要把兩腳的重量調整好，分清「虛實」，那不就沒有病了？如果真這麼簡單，那還有什麼可「悟」的呢？

　　王宗岳老前輩的拳論云：「偏沉則隨，雙重則滯；每見數年純功，不能運化者，率皆自為人制，雙重之病未悟耳。欲避此病，須知陰陽。……陰不離陽，陽不離陰，陰陽相濟，方為懂勁；勁懂勁後，愈練愈精，默識揣摩，漸至從心所欲。」

　　下面我們將整段文字，一一化解，庶幾可以瞭解前輩語重心長的叮嚀，是在說些什麼道理。

　　首句「偏沉則隨」，「偏」，就是側重一面，偏移轉換方向、角度之意，所以「偏」不侷限於雙腳比重的偏，還含蓋全身虛實的轉換，更深入的說，它是含蓋「氣」的虛實轉換的，因為行功心解有謂：「能呼吸，然後能靈活」，所謂「能呼吸」就是知道如何呼吸，懂得如何呼

吸，這裡所說的呼吸，不是指鼻腔出入息的呼吸，而是指丹田之氣的蘊蓄、吞吐、摺疊、轉換、運為等等，所以才要說「能呼吸」；如果是鼻腔的呼吸，任何人都會呼吸，則不需謂「能呼吸」。能運轉丹田之氣去轉變虛實，才得謂之「能呼吸」，懂得了丹田的呼吸運轉變化，才能到達「能靈活」的境地，所以，如果把「能呼吸」誤指為鼻子呼吸，那麼，與「能靈活」又有何涉呢？若是把「能呼吸」誤指為鼻子呼吸，則將是「失之毫釐，謬以千里」，誤會大矣。

「沉」，在方向偏移、轉換、側重一面後，還要沉。沉，包含肢體的沉與氣沉；沉，才能「接勁」，把對方來勢、來力承接起來，所以，如果沒有練出「沉勁」，而只是雙腳在那邊移步、騰挪或身體在那邊搖晃、俯仰，都還是屬於不會「化勁」或「接勁」的人，都是「功體」未「純」之人，都是「純功」未成就的人。

偏，有肢體的架構形態，屬於外形的；沉，除了外形身勢下沉外，還含蓋最重要內涵的氣的下沉，若只是身體下沉，而氣不下沉，仍就不能接化來勢來力，就會變成以身體的歪七扭八姿勢去應付走化。

「則隨」，隨，是跟隨，跟著走，把對方的來勢、來力因為自己方向的偏移、轉換、側重一面後，跟隨著走化掉，而隨順我的勢力，順勢把對手打發出去。「隨」意涵著隨打之意，化打之意，化而打之，化打一氣，化就是打，打中有化，這才是深諳變化虛實之人，而不是孤行一意的以偏概全的主張「全身重量只許放在一隻腳上……若

45

兩腳同時用力就是雙重」。雙重的深意，如果只是侷於兩腳同時用力，沒有把全身重量放在一隻腳上，那拳經之論顯然已被膚淺化、低略化，價值就被深重的貶抑了。

「雙重則滯」，滯，是不流動，不暢通，不順遂，行動被控制住，無法逃脫，一舉一動都是滯礙難行，被牽制的動彈不得。為什麼會被牽制、被掌控，不能化解，那就是犯了「雙重」的毛病。

好，從這邊我們可以來探討，如果「雙重」只侷限於兩腳，那麼，當兩腳站死時，身體是否還能動轉？當然是可以的，當兩腳站死時，氣是否還能轉換，當然也是可以的，所以，虛實變化是含蓋全身內外的，上下內外都能變化的。

太極十三勢歌云：「命意源頭在腰際；變轉虛實須留意，氣遍身軀不少滯。」在腰際，是指丹田之氣，十三勢歌說，變轉虛實須留意，氣遍身軀不少滯，如果變轉虛實只要留意兩腳，那就不需說留意，後句又說，氣遍身軀不少滯。氣遍身軀，不只是全身之氣的遍布及飽滿而已，還有氣的變轉虛實，譬如右邊被按了，右邊的氣變鬆轉虛，讓對方的勢力落空消失，失去著力點，這就是拳論所說的：「左重則左虛，右重則右杳。」左重則左虛，右重則右杳，這句當然是含蓋肢體的走化與氣的虛實變轉的，不是只侷限於兩腳的比重變化而已。

拳經云：「虛實宜分清楚，一處有一處虛實，處處總此一虛實。」虛實宜分清楚，不是外表形勢上把體重虛實分的清清楚楚處，分清楚，是指知所變化，在變化中還有虛

實，這才是真正的分清楚，若只固執死意的堅持「全身重量只許放在一隻腳上……若兩腳同時用力就是雙重」，則非真懂虛實分清的實質義。「一處有一處虛實」是說全身上下內外，每一處都能有虛實變化的機制，不單指雙腳一處，所以才會強調一處有一處虛實。「處處總此一虛實」，所有變化的機制，都含蓋在這虛實的靈活變轉，如果虛實只侷於雙腳，則拳經就不必如此的重複論敘這個虛實了。

「每見數年純功，不能運化者」，王宗岳老前輩常常見到，每見，就是常常見到，屢見不鮮之意。「數年純功」，是指已經練了很久很多年，「功體」純熟成就之人。純功，純粹指「體」而言，不含蓋「用」，是指沒有「體用兼修」之人，功體雖然純熟練就了，但是不會運用，所以就「不能運化」，不懂的應用變化。運化，當然是指聽勁的運作與虛實的變化。如果只會「全身重量只許放在一隻腳上」，還是屬於「不能運化」者，因為猶是不懂「一處有一處虛實，處處總此一虛實」之真義者，對虛實之義，沒有融會貫通者。

既然已經數年純功成就了，為何還不能運化呢？乃因不會「聽勁」，不懂得真正變轉虛實之理，以為「全身重量只許放在一隻腳上」就已然是分清虛實了，就不是雙重了。

「率皆自為人制」，對虛實真義，沒有融會貫通，就會「率皆自為人制」，就會被制於人，被人所控制，雖有數年純功，還是因為不知虛實之真義而不能轉化虛實，終

於還是落得「率皆自為人制」。

「自為人制」，是說自己主動送肉上桌，自己因為不知雙重的真實義理，不懂得全身內外都有虛實變化的機制，而自套死侷限在「全身重量只許放在一隻腳上」的聖旨上，而自落敗闕，終而「自為人制」。

「雙重之病未悟耳」，此句是這一段文的小結語。因為雙重的毛病，沒有悟得，不曉得雙重真正的意涵，誤把「兩腳同時用力就是雙重」當做座右銘，誤以為「全身重量只許放在一隻腳上」就是棄了雙重之病，所以，雖有數年純功，仍然不能運化，仍然要被「率皆自為人制」，縱然能夠全身重量放在一隻腳上，還是挨打的架子，縱然沒有兩腳同時用力，也依舊是挨打的架子。

「雙」，就是兩處的意思，而兩處不限於雙腳兩處，它是含蓋上下兩處，左右兩處，前後兩處，內外兩處，只要這些各各種種的兩處，被制或自制於無法變轉虛實，被固或自固於一個鈍角、死角，綁結於一處，無法圓化順開，都是屬於「雙重」的範疇。如果全身重量能放在一隻腳上，在被打時，單腳卻與被打點，結成一個死點，雖然兩腳沒有「雙重」，也是犯了「雙重」之病。反過來說，兩腳雖然比重相等，但是在被打點，能夠轉虛，依然可以化去來力，這不算是「雙重」。由此可知，「雙重」不是概指兩腳的。

「欲避此病，須知陰陽；……陰不離陽，陽不離陰，陰陽相濟，方為懂勁。」想避開這個「雙重」的毛病，要懂得陰陽變化之理；陰陽，就是虛實，實中有虛，虛中有

實，虛虛實實，變化莫測；懂得虛實變化，就是陰陽相濟，才能稱之為「懂勁」。

「懂勁後，愈練愈精，默識揣摩，漸至從心所欲。」懂勁後，懂得陰陽虛實變化之理後，愈練愈精，體用兼備，終於漸漸能隨心所欲。

默識揣摩，是說聽聞之後，需默默的自己去辨識、思維，去揣測摩擬，在老實練拳中去深思悟解，去印證，別人所說是否與經論所敘相契合。不是人云亦云，不假思索，全盤皆吞。

名師之語，是否正確，須與太極經論相比對，若悖離經論之言，皆非正說，需以自己之智慧去判別，若自無主張，以師為崇，是為情執之人。

第五章　發勁須沉著鬆淨，專主一方。

第一節　發勁是什麼？
為何發勁須沉著鬆淨？

一般人總是認為發勁就是肌力的極度發揮，加上距離與時間的快速爆發；只有太極拳反行其道，主張鬆淨沉著，這是什麼道理呢？

因為身心皆鬆柔淨盡，氣才能沉著，而後收斂入骨，匯集而成就極堅剛的內勁，透過「極柔軟，然後極堅剛」的至理，成就甚深的太極武學。所以，不論是在練拳架功體的階段，或在推手實戰的致用階段，都不能離開沉著鬆淨這個原則，因為，只有鬆沉，才能使氣凝聚匯合，也唯有如此，發勁打人，才能有「專主一方」的神奇效果，也因為發勁能「專主一方」，勁道綿貫完整，才能發而必中，拔人之根，摧敵防線。

發勁是什麼？

發勁是一種體內丹田之氣的氣爆而顯發於外的摧破力，聽起來好像很玄，一般人也不會相信。內勁，是氣的養成而匯聚累積的無形質量，潛斂於筋脈骨骼之內，透過意念的牽引，即能向外施放。再透過「其根在腳」的打樁借地之力，及丹田之氣的鼓盪作用，與手捌勁的支持，完

整一氣的瞬間爆發，這就是發勁。

發勁為何須沉著鬆淨？

氣的沉著，是一種無形的基座，有了這個基座，在發勁施力時，才有一個依靠力、支撐力，氣才能凝結完整，不會懈怠散漫。鬆，是不著拙力，把蠻拙之力丟棄，鬆淨了，氣也就跟著沉了，鬆淨了，氣血就通暢順遂了，這才能在發勁時，沒有一絲阻礙，疾速的瞬間完成爆破摧毀力道。

氣的沉著，是周身俱到皆沉的，丹田的氣要沉，手臂要沉，腳根要沉，節節貫串沉著，發勁時，丹田之氣瞬間凝聚，向下打樁，借地反作用力，上傳於手，如果有一處氣不沉不聚，發出去的勁就沒有依附，勁不凝結完整，沒有滲透入裡的威力。

第二節　發勁的要件

太極拳之發勁，必須具備三個條件，若無這三個條件，你在那邊窮練、苦練發勁，練了一輩子，都將只是空殼子，都將唐捐其功，只能練成一身蠻力，冀求真功夫，徒勞辛苦。

一、必須下盤有根：

拳經云：「其根在腳，發於腿，主宰於腰，形於手指；由腳而腿而腰，總須完整一氣。」這就是發勁的要領，「其根必須在腳」，腳有根，才能借地之力，才能借

力使力；腳若無根，下盤不穩，借不到地力，那麼，使出的將是手的硬力，蠻力，只是手的局部之力，無法發揮「整勁」，也就是未能「完整一氣」。

那麼，下盤之根如何練就？透過站樁、拳架、及一些基本功，來紮實穩固你的下盤。

站樁：

鬆腰落胯，氣沉丹田，前腳四分力，後腳六分力，前腳往後撐，後腳往前蹬，在前撐後蹬之中，心裡凝想，腳是站在一張報紙上，雙腳掌欲將報紙撕裂一般，是用腳掌之內暗勁為之，非使蠻力。如此，久練則腳之氣勁下沉，就可入地生根。站樁，每天必須站半個鐘頭才能達到功效，如果怕苦，就練不到真實功夫。

拳架：

練太極，必須把架子先低練，落胯鬆腰，氣往下沉，動作越慢越好，氣越長越好。要以雙腳掌來使勁，帶動拖曳你的身體，不要以手局部的力量做動作，如果以手去主動飛舞，那是空架子，練不出功夫來。走拳架每天必須練一個鐘頭才能達到功效。

基本功：

就是把太極的招式拆開單練，基本上十式就夠了，如能認真切實的練，定可成就功夫。在閒暇時、站立時、候車時，均可利用時間練習，積久成功。

二、必須練就內勁：

內勁，乃是經由長期的鍛鍊站樁、拳架、基本功，以

及正確的養氣，而累積沉潛在體內筋脈之中的一股無形的動能，它能隨時經由意念的引導觸動而同步爆破出令人驚心動魄的量能。內勁之爆發，純是專氣與意念而已，它不需距離加速度，卻能快速而準確的專主一方擊中目標，滲透人體之內裏，達到技擊的效果。

內勁的鍛鍊，藉由呼吸吐吶導引，以心行氣，以氣運身，透過站樁、拳架、基本功之練習，令氣沉藏聚集在丹田處，儲而備用。

再者，雙手是技擊最好的工具。發勁，最常藉用的就是雙手兩臂，所以必須將手臂之掤勁練就。

掤勁之練習，只需將兩手臂輕輕提起，用意不用力，如捧物狀，可藉由樁法之練習或拳架單練基本功而成就。

日常生活中，站著、坐著、躺著，只需將手臂微微作意（心中生起一個念頭），其實手也不必提起，只要有作意，氣就到，勁就生，但是需長久而有恆的去累積，始克有成。

三、必須完整一氣：

完整一氣，就是腳到手到，意到勁到，同步到達，簡單的說就是整勁的意思。拳經說：「其根在腳，發於腿，主宰於腰，形於手指。」有些人誤會，以為發勁是先由腳傳導，經由腿，再由腰，最後再形於手指，誤為一層一層往上傳，中間變成有斷續，造成斷勁的情況。那麼，這些人在發勁時，因為腳使蠻力，而使身體往上往前伸展，造成塌膝、身體虛浮，發出去變成空勁、斷勁。

所以拳經此句的後半段所說「由腳而腿而腰，總須完整一氣。」就變成很重要了。總須完整一氣，就是整勁，它是同步同時到達的，不是層層分段上傳的斷勁。

完整一氣，要由丹田之氣來掌控，丹田一作意，氣、勁兵分兩路，一路傳到腳根，如打地樁一般，將氣、勁打入地底；一路傳到手掌，以掤勁一貫而出，雖說兵分兩路，卻是同步同時到達，一氣爆破，始得謂之完整一氣。

再說到借地之力。發勁並非全由腳來借地之力，譬如坐著或躺著，就不能由腳來借地之力，此時就得借臀部或背脊及其它的施力點來借力使力，這都只是槓桿與力學原理，它只是在發勁時所產生的後座力所得到一個依靠而已。

真正的行家發勁，純是一氣爆發而已，只是一念閃過，子彈已同時射出。借地借物之力只是發勁時微略附帶的點綴罷了，如果心裡還有一絲一毫的借力念頭，則在發勁時，都已是慢了半拍。

第三節　沉與鬆

沉，是鬆透之後，氣的累積成果。在鬆透後，氣勁潛藏於筋脈骨髓中。

氣是無形無色的質體，肉眼看不到，摸不著，但它是一種質量，一種元素，一種磁場。在鬆透中由於神意的培養、導引，日積月累，內氣潛沉於體內，可以感覺到它的重量，沉沉，墜墜，脹脹，用時即有，不用時潛藏。

　　兩臂上提、或按，或斜揮，或亮翅，當鬆淨時，氣勁往下沉墜，形成「沉肩垂肘」之勢。手臂上舉因地心引力的關係會將手臂向下吸引，在兩者互相牽引時，手臂與地面之間，似有一股絲絮維繫著：手臂看似鬆柔，內裡卻隱隱潛藏一股無形的沉勁，它是蘊藉不顯的。

　　如果用拙力去提臂，所呈現的是懈漫、空洞、飄渺、虛無的，沒有內容的，缺少沉勁的感覺。

　　雙臂在鬆透時往下沉落，肩肘似斷非斷，有如吊著一只千斤錘。內勁有成就者，手臂重若千斤，這種功夫乃是長期日積月累，透過純鬆的踐行，斂氣入骨的具體呈現，非一朝一夕可以致之的。

　　氣不只能沉於雙臂，沉於丹田，更能往下沉於雙足湧泉，入地生根，穩固下盤。下盤沉穩，身能平衡，步能輕靈，虛實得以變化，也才能在發勁時，以沉藏於足根之內勁，借地之力，發人於尋丈之外。

　　所謂「吞天之氣，借地之力，壽人以柔」，三句話蘊藏很深的道理。唯有鬆，氣才能沉於丹田，才能運氣、才能導氣，唯有鬆，才能吞天之氣而為我所用；唯有氣潛勁藏，沉之於足，才能借地之力，發勁於人；唯有柔才能長壽，剛硬則易折易夭。

　　老子說：「專氣至柔，能嬰兒乎。」意謂人如能專心一致的沉守著氣，保持身體和精神至鬆至柔，清淨無為，就能得到輕安靈靜，就能專氣沉守，氣旺神聚，無所阻礙。體力充沛，心境柔和，就能遲緩老化，返老還童，返璞歸真，如嬰兒一般，永遠保持童真純潔，無煩無惱，快

樂自在。

第四節　專主一方就是整勁

何謂勁？一般人總是不明白，以為勁就是力量，以為手腳腰胯身勢搭擋配合的順暢完整，就可稱之為整勁了，豈知與實際上所謂的整勁，還相去十萬八千里。其實勁與力是完全不同的東西，力是天生即賦有的，只是有大小之區別；勁則需透過後天的鍛鍊，譬如以心行氣、以氣運身、氣沉丹田等等，經長期聚集儲藏，把氣斂入筋骨，這才稱之為內勁。

不是長期的訓練打沙包或擊破，或藉藥洗將手臂練成鐵骨，這些都是膚淺的土法煉鋼術，都是王宗岳老前輩所說的「斯技旁門」，不足為奇，非智者所取。

內勁之鍛鍊，三、五年可以有小成，十年可大成，大成後內勁蘊藏在體內，可以保任而不退失；如果是土法煉鋼，以外物外法短期練成的銅骨鐵臂，邁入中老年，功力逐漸退失，要保任得長期忍受皮肉之苦，若是不慎傷及骨頭神經，那不只是聽勁（觸覺）反應變得遲鈍，還會留下無窮的病變後遺症。

勁是機動而賦有彈性的，勁可藉由意念的驅使而快速反應，要大要小，要長要短，要深要淺，皆可隨心所欲，換言之，勁是心念之內動，透過內動而形之於外，就稱之為發勁或放勁，它的勁道是集中而紮實的，是迅速而靈敏的，是迅雷不及掩耳的，不須有距離加速度，就能即刻剎

那命中目標。

發勁要完整，需具備三個條件，否則既使擁有豐富的彈藥，被深鎖在倉庫裡，也是無用武之地，發揮不了作用。

第一：手要有掤勁，練就鬆而沉的乘載勁道，曲蓄而有餘。

第二：腳根下盤需有磐石盤踞之勢力，入地生根，有了根，在發勁時才能像打地樁似的借地力一貫擊撞而出。

第三：腰的丹田之氣所使出的彈力，要能像蒼龍抖甲般的疾動；腰的快速彈抖，亦是由底盤的腳根所驅使。

拳經云：「其根在腳，發於腿，主宰於腰，形於手指。由腳而腿而腰，總須完整一氣。」短短兒二十餘字，有誰能深刻去體會，而且悟入它的真實理。如果以知識去理解，則流於膚淺的外表形式。拳經它是講裡面的東西，第一個在腳，腳若無根，莫要與人論發勁。第二腰如何作主宰，它要指揮手時，內在得有丹田之氣，無氣如何爆破令手出擊。第三手若沒有掤勁，腰則變成空轉空運，也起不了作用。這三個條件具備了，最重要的在於完整一氣，內氣與外形需搭配得無隙無縫，內外相合，上下相隨。從文字上看，發勁好像一節一節往上傳，其實它是一鼓作氣，一併而發的，氣隨意動，心想事成的。

所謂完整，即無缺陷，無凸凹，無斷續。有缺陷即不完美，三個條件缺一就是有缺陷；有凸凹即不平衡，就是上下起伏，使發勁的勢力被削減；有斷續即不連接，使勁道中斷。

在內裡方面，泛指意不斷，氣不斷，勁不斷。意不斷，指意念要集中，沒有妄想存在；氣不斷，指氣的飽和匯聚，不散亂；勁不斷，是內勁的綿密不丟與蓄積，待勢而發。

如是內外完整，上下、前後完整，意、氣、勁同時完整，始得謂整勁，或謂完整一氣。

發勁如何專主一方？

專主一方，就是發勁主力專注集中於一處、一點，火力全開，就像打靶，命中紅心，還要有摧破之力。專主一方，不能缺少意念的領航，不能缺少丹田之氣的鼓盪爆破，不能缺少下盤樁功的暗勁打樁，不能缺少手的掤彈沉勁，所以，專主一方，必定要有完整一氣的整勁作為前提依歸，發放出去的勁道，才能集中於一方、一處、一點，瞬間拔動對方根盤，奔跌而出。

第六章　立身須中正安舒，支撐八面。

第一節　立身與中正安舒

　　立身，指身體直立站著，廣義而言，也含蓋著坐姿與蹲姿的立身。立身包含行、住、坐、蹲等方面，在行動中、在站立中、在仆步蹲坐之中，都必須保持中正安舒。

　　中正，就是身體維持中定平衡，不歪斜，不前俯後仰，不左右搖擺，不漂浮動盪，沒有坐立不安的現象。

　　安舒，安是安靜、安全、安定、安心；舒是舒適、舒服、舒暢、舒坦、舒展。身體能直正平穩，身心即能得到安平與舒適。

　　立身須收尾閭，尾椎骨微微內收，與脊背頸項要保持一直線，使內氣能暢通督任兩脈，運行周身。立身須鬆腰落胯，使氣沉墜於丹田，顧守而安養之。

　　立身能中正，身體就沒有傾斜跌倒的危險，身體有了安全感，內心才能得到安定與舒適，身心安靜舒適了，才能以心行氣，以氣運身，才能進一步的修練太極的種種深度內涵功夫。

第二節　中正安舒與頂頭懸

太極十三勢歌云：「尾閭中正神貫頂，滿身輕利頂頭懸。」太極拳論云：「虛靈頂勁，氣沉丹田。」

這些論述與中正安舒都是息息相關的。尾閭中正，神氣自能直達貫串頭頂百會；頂頭懸，就是虛靈頂勁，能頂頭懸，能虛靈頂勁，便能全身輕靈利順，達到安舒的效果；頭能虛靈頂勁，懸立而起，尾閭能中正鬆胯、足能暗樁貼地，自能豎起脊樑，達到中正安舒。所以尾閭中正、頂頭懸、虛靈頂勁、氣沉丹田等等都是立身中正安舒的必要條件。

第三節　中正與斜中正

練太極拳是有伸縮曲放的，是展現輕靈與活潑的象徵，若刻意過度的呆直，像機器人或像僵屍般的拙滯，就會失去太極拳的韻味，所以，在中正當中，不能失去「安舒」，這才合乎中道理論。

在太極的招式中，是有身法斜度的動作，譬如，栽捶、斜揮等動作，身法是有傾斜之勢的，謂之「斜中正」，身體雖然前斜或左右斜，但仍然保持一定的正直，不能彎腰駝背，從尾閭腰脊至頂項，仍要保持一個直線的斜中正，這在拳勢中是許可的，正是所謂「斜中寓正」的一種身法。如果彎腰、脊背彎曲癱塌，就不能上下一氣貫

通，無法使身法中正安舒。

在太極的修練當中，有些大原則是必須遵守的，但法無定法，凡事不能一成不變，如果刻意的去頑固執著，不知融通、變化，就會使自己走入死胡同之中。

老前輩陳長興先生打拳架，身體有如牌位一般正直，人稱「牌位先生」，這是對他練拳保持中正安舒的一種稱讚。現在有些人練太極，刻意模仿「牌位先生」，在頭上放一小水桶，或書或木板來保持身體的正直，練拳沒有需要這樣「東施」的，只要大原則掌握的住，時時注意調整姿勢即可。

第四節　支撐八面

八面：

是指東、南、西、北、東南、西南、東北、西北八個方位，也是太極所謂的四正四偶。

任何武術以及各種運動，都要講求平衡的，失去平衡就使不上力，在攻防上也將處於劣勢，失去致勝的契機。所以，在活動當中，在虛實變化之中，在陰陽互濟之時，都必須保持身體的中正安舒，維持中定平衡，這樣，才能支撐八面，使自己立於不敗之地。

支撐：

是一個力學原理，一個槓桿原理，只要立足點與接觸點，維持一個適當的角度、方向，就能四兩撐定千斤，譬如，一只小小的千斤頂，就能支撐頂住千斤物體。

這千斤頂的底，就是拳術中的樁法；樁功成就，在發勁、搏擊之中，才能保持平衡中定，才能支撐八面，才能放勁放的人出；若沒有樁功這個基座作根本，只能以手之局部蠻力硬使，那不是太極拳。

在推手搏擊中，向對手施力時，整體結構重心的虛實靈活變化得宜，才能支撐八面，也就是說，在與對手相互往來牽引之中的黏隨、開合、蓄放，觸覺神經的聽勁反射作用，必須虛實變轉靈敏，陰陽互補，才可以有支撐八面的能耐。

太極拳是全方位的，必須「功體」與「用法」兼備，才能支撐八面。

第五節　從支撐八面談膝蓋保護

修練太極拳除了防衛技擊之外，兼具健康養生的效益，但是有部分人練太極卻傷痕累累，留下某些後遺症，其中最常見的是膝蓋受傷，這也是本節要敘述的重點。

膝蓋之所以會受傷，是因為長期的過度承受身體的重力，使筋、骨、膜、韌帶等受到重力的壓迫、牽引、拖曳、扭轉等等，經年累月後，有一天突然發現膝蓋有疼痛跡象，此時的膝關節已然受到損傷，大部分是膝蓋軟骨磨損、發炎，輕微的可以透過復健、校正，或服用消炎、止痛藥物而控制病情，嚴重者要依賴拐杖來支撐體重，減少壓迫所帶來的疼痛，更嚴重的則需置換人工關節，留下某些遺憾。

　　練太極本是以健身為目的的，但是因為練法不當，而引生反效果、反作用，是值得學練太極者重視的課題。

　　本節以拳架及推手兩點來說明，練太極而致膝蓋受傷的原因。

一、拳架部分：

　　前腳塌膝，膝蓋超過腳尖，這是普遍現象。身體全部的重量，宜由九大關節均擔，其中以腳承受的力量較大。腳受力的地方在胯、膝、踝三處，此三處支撐上半身重量之構架，須去尋求適當的角度與支撐力點。以前腳而言，在向前施力時，大腿與小腿之內腳角度能保持90度，是較適宜的支撐力點，膝蓋若超過腳尖，則膝蓋承受身體的重力就會加大，軟骨磨損的機會就會增加。

　　這道理就好像一片牆壁即將倒塌，用一根木棍去撐住它，能不能撐得住，取決於牆壁之重力與木棍支撐力點之角度是否成適當之比率。

　　重心落在後腳時，前腳宜有少分的抓地力，來分擔後腳之承受力；若全部由後腳獨自承擔重量，膝蓋是難免受力太重而造成傷害。重心落在後腳，還有一點需要注意，要「鬆腰落胯」，腰鬆則氣沉，氣沉則胯落，「胯落」就是胯要「落插（台語）」。「胯」與「後腳跟」能成一直線，使「胯部」在承受上體之重量，能沉落於後腳跟，讓膝蓋減輕重力負擔。

　　立身中正安舒，保持中定平衡，是保護膝蓋的一個大原則；身體前傾，前膝遭殃，身體後仰，後腳膝受損。所

以「立身中正安舒，支撐八面。」是保護膝蓋最好的註解，這邊它強調立身須中正安舒，不可前傾歪斜，即使在某些動作，譬如「單鞭」、「野馬分鬃」、「玉女穿梭」、「斜飛式」等等，雖然重心落於前腳，身體從尾閭至頭頂仍是保持一直線的斜中正，這也能支撐八面，保持中定平衡，不會使前膝吃力過重而有所損傷。

二、推手部分：

功體沒有成就的鬥牛式推手，因為過度使用蠻力，身體會前傾，不能支撐八面，也會造成膝蓋磨損，而且比打拳架有過而無不及，傷害更劇。為何如是說呢？因為沒有「功體」，在推手時，只能靠著局部力或蠻拙之力去硬推，雖然有些人有練出「聽勁」，反應不錯，到某個程度也會借力，但由於內勁沒有成就，樁功沒有成就，手的掤勁沒有成就，加上「氣」沒有成就，無法藉氣來運氣打樁，所以在發勁時難免依靠腳的拙力，難免依靠膝蓋之力來撐地，長此以往，膝蓋受傷的機率就會增大。

在走化當中，如果氣沒有沉到腳底，身體前俯後仰或左右歪斜晃動，不能中正安舒，不能支撐八面，就會吃到膝蓋之力，膝蓋也是會受傷的。

練太極拳，因方法不對，用力不當，也因為身體沒有中正安舒，無法支撐八面，而造成膝蓋受傷的不在少數，是值得注意防範與警惕的。

第七章　行氣如九曲珠，無微不至

第一節　九曲珠的典故

九曲珠的典故，源於《祖庭事苑》，是說孔子得到一顆珠子，叫九曲珠的。九曲珠的九是指很多的意思，九曲就是珠子裡面有很多的彎曲小孔道。

孔子想要拿線穿過這顆珠子，但是卻無法完成，當時有女子教孔子用蜂蜜塗在線上，利用螞蟻搬蜜的特性，將細線穿過這顆九曲珠。

第二節　行氣如九曲珠

行功心解所謂的「行氣如九曲珠」就是指能夠在一顆小珠子內部狹細的空間，以氣貫穿整體的往復迂迴運動。

人體是一個小宇宙，是一個小太極，裡面充滿微細繁雜的神經、血管、筋脈、穴道，有如九曲珠一般，如果沒有以心行氣、以氣運身，氣將得不到順遂的流行，也無法成就太極內勁功夫。

一般太極拳師解釋九曲珠，把祂說成人體的九大關節，肩、肘、腕、胯、膝、踝、頸椎、腰椎、胸椎，這九

個能夠彎曲的大關節，就像九顆珠子排列貫串在一起，就稱之為九曲珠。

所以，把行氣如九曲珠，解釋為在行功運氣時，九大關節的順遂圓活如珠，氣行於九大關節之中的節節貫串。這種說法雖與孔子九曲珠的典故有所出入，但是也有微對的一面，因為九大關節概括含蓋了人體的大部分，九節如果暢順貫通，似已大致矣。

具體廣義而言，行氣如九曲珠分為體與用兩方面。在體的方面，狹義的純指行功運氣要面面俱到，如水銀瀉地，無孔不入，無穴不達，無微不至，氣遍周身。

九曲珠是指人體內的小太極，像無數微細彎曲的孔道空間，所以「行氣如九曲珠」就是要在這微細彎曲的空間，運用意念與丹田之氣的蓄蘊作用、鼓盪作用、吞吐作用、往復摺疊等作用，令氣能滲筋透骨，無微不至。

在用的方面，行氣如九曲珠要以丹田為行氣的根本元素，在意念的牽引作意下，令下意識激發潛意識中儲藏能量，瞬間疾速引爆，使氣穿透體內微細彎曲空間如九曲珠，貫串奔竄於發勁之點，如手掌、腳底湧泉、腰間脊背等等。

太極前輩曾說：「功夫越強，所引生的圓弧越小，手一放，人就跌出去了。」這個「圓弧越小，手一放」指的就是丹田之氣能在體內微細彎曲空間的九曲珠，產生激發氣爆作用，使氣在體內無數微細空間，瞬間產生壓縮奔放的發勁作用。

第三節　無微不至

沒有一個地方不能到達，叫做無微不至，也叫做「無往不利」，就像極其微細的九曲珠，裡面充滿無數微細彎曲的孔道空間，只要意到，氣就到，只要下意識一作意，丹田之氣一提一放，一鬆一緊，往復摺疊之中，即能氣遍周身。

無微不至，另一個解釋，就是說在練太極拳時，每一個地方都要照顧周全，面面俱到，不使有缺陷處，不使有凸凹處，不使有斷續處。

缺陷處：

以拳架而言，不平不整謂之缺陷。重心失去平衡，沒有中定，謂之缺陷；虛實變化不靈，陰陽沒有分清，含混略過，謂之缺陷；沒有貫串，完整一氣，謂之缺陷；身形不協調，上下不相隨，左右不對稱，內外不相合，謂之缺陷。

以推手或實戰而言，無法使出整勁，勁不接地，沒有其根在腳，力由腳起，謂之缺陷。

凸凹處：

上下起伏不定，忽高忽低，搖擺不穩，飄浮無根，都會形成凸凹處。

神離、意斷、氣不順遂，會形成凸凹處。發勁著力，腳未接地，手腳分段離析，易形成凸凹處。

發勁氣不凝，著了拙力、蠻力、硬力，會形成凸凹

處。

斷續處：

斷離不連接之意。打拳架沒有如行雲流水，滔滔不絕，綿綿密密，把動作分開使運，沒有透過摺疊、轉換把上一式接續貫串起來，即成有斷續之處。

發勁時，意與氣不相合，氣與勁不相合，沒有完整一氣，則落於斷續之病。

沒有其根在腳，發於腿，主宰於腰，形於手，沒有把它一氣呵成，即是落於斷續之處。

有缺陷之處，有凸凹之處，有斷續之處，身便散亂；身散亂，則氣不凝；氣不凝，則勁不聚。有了這些病，則行氣無法如九曲珠，不能達到「無微不到」的境地。

第四節　用法上的無微不至

「無微不至」，即上下、前後、左右，面面俱到，也就是拳經所謂的「有上即有下，有前即有後，有左即有右。」還有應該還包含「內外」，這才叫做照顧周全，無微不到。

上下，前後，左右，內外，都是互對的，從字面上是很容易理解意思，但真正的意涵，不是依文解義的，不是那麼膚淺的，那麼狹義的。

上　下：

不是說一手顧著上頭，一手顧著下面，這是定法，是死法；拳法無定法，拳法非死法，拳法是善於變化的，是

虛實互換的，是陰陽互易的。

上，指上身頭手；中，指腰胯丹田；下，指腿腳。手須有掤勁，腳須有樁法，丹田之氣須凝聚，由腳而腿而腰而手，總須完整一氣，連綿貫串，始謂之有上即有下。

前　後：

以腳而言，前有撐勁，後有蹬勁，前撐後蹬，形成一股二爭力；練習樁法，乃可入地生根，發勁時方有雄脆之撞勁，才有摧山之氣勢。

運氣鼓盪，有前有後，吸氣時，氣貼於後脊背，吐氣時，氣落沉於前丹田，但非一前一後，它是一個渾圓立體的運轉，不止有前後，還含蓋上下、左右，及周身的弧圓，這是內在的有上即有下，有前即有後，有左即有右。

左　右：

即是橫勁，發勁時，由腳底出勁，左撐右蹬或右撐左蹬，腰如蒼龍抖甲❶，貫傳乎手，形成一個左右互襯的彈勁，一打擊疾速彈回，左打彈回變右打，右打彈回變左打，謂之閃電手❷，這豈是拳擊之左右勾拳所可比擬。

內　外：

內是指丹田之氣，及由氣所養成的內勁；外是指肢體外表。不論練體或致用，一定要內外相合的，打拳架若只有肢體的揮舞，無沒有內在的行氣、運勁，這只能稱為太極體操，不是太極拳；發勁如果只用手之局部力，肢體之拙力，那是鬥牛，如果沒有丹田之氣的配合，沒有內勁的運使，那是王宗岳先行所謂的「斯技旁門」，是「非關學力而有為」的功夫。「學力」是倒裝句，是努力用心學習

之意，不可誤會。

上下、前後、左右、內外，都是意使、氣隨、勁到的完整一氣。

要實現上下、前後、左右、內外的虛實變化，只有練就靈敏的聽勁，進而達於懂勁的境界，才有辦法隨心所欲的變化虛實，才能達到「無微不至，氣遍曲珠」的妙境。

---

❶ 蒼龍抖甲：依據王樹金老前輩所謂：「全身彈抖，如公雞抖毛狀；又如狗自水中出來之抖水狀，故冠以蒼龍抖甲之名。」蒼龍抖甲，不只是腰的抖動，其勁道須由腳根之地底深處，以暗沉之勁，由下往上彈抖震盪；若腳中無根，暗勁不沉雄，無法自然彈抖。

❷ 閃電手：以蒼龍抖甲的彈抖勁，由腳而腿而腰，形於手，是一個連綿貫串疾速的完整一氣的整勁，是同步同時同一氣的連結爆破之勁道，它有反彈力，因腰腿撐蹬入地的反彈力，使手迅速的歸位，及第二波的就緒攻擊，可以接二連三，可以「連上接下」，可以「連前接後」，可以「連左接右」。如是方是拳經所謂之：「有上即有下，有前即有後，有左即有右。」

第八章　運勁如百煉鋼，無堅不摧

第一節　百煉鋼

百煉鋼，是一種冶煉鋼鐵的過程，煉鋼是得經過千錘百鍊的。

鐵有生鐵與熟鐵，由岩石鐵礦中熔解燃燒出的鐵，稱為生鐵，生鐵含有很多的雜質，生鐵本質比較脆，比較硬，容易折斷。生鐵經過去渣冶煉後將雜質析出，變成熟鐵，熟鐵本質柔軟，若加上堅硬的碳滲入熟鐵中，經過重複的冶煉，便成為堅利的鋼。

所謂百煉成鋼，是將熟鐵加碳放在火堆上燒，然後摺疊鍛打，再燒，再摺疊鍛打，再燒，經過千錘冶煉而成為極堅剛柔韌而有彈性的金鋼，這就是百煉鋼。

第二節　無堅不摧

百煉而成的鋼，本質堅剛而柔韌，富有彈性，曲而不折。百煉而成的鋼，製成刀劍，能削鐵如泥，摧枯拉朽，無堅不摧。以「運勁如百煉鋼，無堅不摧」來形容太極拳，是極為恰當的比喻。內勁的威力也是無堅不摧的，真

正成就內勁的人，內勁的勁道是可以深內透裏的，不像外力只能傷及肌肉皮表。

內勁是透過氣的凝聚、鼓盪、沸騰、沉斂，經久集聚而成，內勁是一種無形的氣爆，能瞬間爆發，它的勁道是柔中帶剛，棉裡藏鋼，被打到的感覺，外表是棉棉的，但入裡的勁道卻是悶暗而儡魂的，有剎那悶絕的驚心動魄的駭然悚懼之感。內勁的發勁，無形無相，在一舉動間，你還不知怎樣一回事的剎那，內勁已深達你的腑臟深處，令你瞬間悶絕窒息，無法呼吸。勁道下的重些，絕對可以震碎內臟，導致內出血而致命。所以，百煉成鋼的內勁，是無堅不摧的。

第三節　運　勁

運勁，顧名思義，乃是內勁已經成就，或少分成就，透過拳架或基本功加以行運，使這個勁，愈練愈柔愈韌，用時愈剛愈脆。若是內勁尚未成就，只能稱之為運氣或行氣。

運勁，與鋼鐵的冶煉是同一個道理，也是得經過千錘百鍊的，才能百煉成鋼，運勁也要如百煉的鋼，才能成就極堅剛的內勁，才能無堅不摧。

鋼鐵的百煉，是燒，然後摺疊鍛打，再燒，再摺疊鍛打，無數的往復。

運勁，是先從氣的行運，透過鬆淨而令氣騰然，而後收斂入骨，由少分的沉斂內勁，日積月累，這中間，不論

內勁是少分或多分成就，這運勁的過程是不可少的，就如同生鐵煉成熟鐵後，必須再摺疊鍛打，再燒，再摺疊鍛打，再燒等過程，才能百煉成鋼；內勁成就之後也是要透過這樣的運勁冶煉，才能成就無堅不摧的太極甚深功夫。

第四節　如何運勁？

勁要如何運？

運勁須由意念的導引，丹田之氣的鼓盪、壓縮、往復摺疊，還有腰的擰裹、纏繞、抖蕩，腳底樁功的二爭力牽引等等。運勁，好像揉麵粉，加水，再揉，拉開，摺疊，再加水，再揉，無數的反覆，直到粉團的筋，Q起來，得把牠的韌性揉出來。

運勁是主導於自丹田之氣，由下盤之湧泉腳掌，以暗樁深入地底，依藉兩腳暗潮洶湧之二爭力，帶動牽引腰脊，氣貼於背，以丹田之氣為主宰，驅動身子。

兩手臂須有掤勁，以肩為根節，筋脈須鬆開、拉開、撐開、擰開，手臂似直非直，似曲非曲，曲中有直，直中含曲，隨曲就伸，不是鬆懈散漫的；將氣運入筋脈骨骼之內，運轉至臂、肘、腕、掌，透達於指尖梢節；在此同時，氣，要兵分兩路，一路下行經胯、腿、膝、足，氣沉斂於兩足，令氣入地生根。

運勁，在外表肢體上是其根在腳，發運於腿，由腳而腿而腰，形於手。在內而言，純是丹田之氣的鼓盪、蓄蘊、吞吐、往復摺疊，以氣將潛沉於骨脈中的內勁，加以

運為，加強輸運、壓縮、擠送，使這個勁道，經由百千萬回合的往復煉鍛，變得更柔，更Q，更脆，更剛，柔中帶剛，剛中寓柔，而成就剛柔並濟的太極甚深功夫。

在往復摺疊的運勁過程中，須以下盤腳樁的暗勁，藉由二爭力的使運，牽動腰、脊、身、手臂，在往復摺疊中，要須自己去營造重重疊疊，一波接一波，相續不斷的阻力，如陸地行舟，使體內的氣與外面的氣，互相激動、牽引、磨盪，而產生肉眼看不到的無形電能、磁場。

運勁須肢體上下相隨，氣要內外相合，借著曲伸、開合、運蓄、摺疊、鼓盪、吞吐，把「勁」拿來提煉、拿來鍛燒、拿來搓揉，這就是運勁。

第五節　勁與力之差別

勁，是由內往外而生的爆發力，經由長期的運用神、意、氣、鬆、柔、牽引、拖曳、擰裹、纏絲等等方法之鍛鍊，而沉藏於體內的一種充沛而豐富的能量、元素，或說是一種電能，藉由意氣之導引，奔放而出的一種無形威力，其威力彷彿子彈之射出，炸彈之爆破。

子彈可射進銅牆鐵壁，但無法將重物拉抬而起；蠻牛之力可以拉動千斤重物，其力卻無法穿透厚重之物。

以內勁發人，可將臟腑擊碎；以蠻力打人，只是表皮瘀血青腫。勁傷在內部，力傷在表皮，這是勁與力的差別。

勁的鍛鍊，在鬆中求之。盤架子宜鬆而不懈，鬆中含

意、含神、含氣，氣在鬆沉中帶勁，在鬆透中可感覺勁的沉重、厚實，如棉中藏鐵，練習日久，氣斂入筋脈骨裡，電能逐日累生，勁由無而有。如果用力，形成氣滯、氣僵，氣不流行，氣不沉澱，反而阻礙勁的產生。

盤架子，每一個剎那流程，不論上提、下放、轉換、摺疊，萬分之一秒中，均要有捧提之意、之勁，不得懈掉，一懈掉，那一股勁就斷了，再接過來時，就變成有斷續，沒有辦法達到「綿綿不斷」的境地，勁的累生就比較費時而困難。

第六節　氣與勁的應用

一、氣與勁的差別

氣是每個人先天就賦有的，稱之為「元氣」，然而隨著年齡的增長，對五慾的貪著，使元氣慢慢懈散，所以需要藉由吐納、呼吸、調息的練氣機制來補回。

氣有強弱之別，氣強則精神旺盛，神采奕奕，意氣風發；氣弱則精神萎靡，神形黯淡，憂鬱寡歡。沒有氣，生命將會終結。

古人知道氣對人體的重要，故有所謂的「練氣士」專門修練氣功，以達健康長壽。氣是可以修練的，只要心靜得下來，利用意念去導引，去行氣，以氣來運轉周身，令氣血循環強化，使新陳代謝正常，即能達到健康的效用。

勁，是透過運氣的修練，使氣達於騰然狀態，然後斂

入筋脈骨髓之中，經久聚集儲存，形成一股鉅大的量能，蓄而備用。

二、氣與勁的修練

氣的修練，主要在於清心寡慾。心能清淨，氣才得清澄無染，才能沉澱，運行才能順遂暢達無阻。

氣的運行，需靠意念之導引，以心來行氣，藉著呼吸吐吶令氣在體內鼓盪，使內臟得到溫養與運動，強化機能。

透過清淨的修為及心意的牽引，氣機就有「騰然」的感覺產生，就像燒開水，時間夠了，火候到了，自然會滾燙，並且冒出水蒸氣。

這股水蒸氣冷卻凝固之後，沉斂入骨，它就是內勁。內勁雖無形無色，但累積集聚行功深時，在鬆中可以感覺它的沉著，所以它是有質量的，它是氣所聚集的元素，一種無形的磁場，一種量能。

勁的修練，可以透過站樁、拳架及其他基本功的單練，來聚集儲藏。並透過發勁的訓練，把沉藏的內勁開發出來，使它能過被實踐與運用。

三、氣與勁的應用

氣與勁在實體上雖有區別，它們雖然是不同的質體，然而在實際應用時，它們是不可分開的，它們是一體的兩面。

勁就像一枚炸彈，氣則是火引，點燃了引子，炸彈才

能爆破。在發勁時，必須藉完整之氣，剎那同時引爆，使
內勁像放箭似的疾速奔竄而出。

發勁不能缺少飽滿的氣，有了氣，勁才能產生作用。

若徒有飽滿的氣，如氣功師之類的，而未成就沉著的
內勁，也不能有發勁的作用與功能。

在發勁時，意念在下意識的作意中，由丹田氣的鼓
盪，引氣入於下盤腳底，急速打入暗樁，在此同時，同步
的引氣貫穿手臂，爆發到對手的打點。發勁打人，不完全
在手，可以在肘，可以在肩，可以在腰胯、背部、脊部，
全身皆手。而氣與勁的運用，都是相連相生的，互長互補
的，不可分離的。

被內勁打著的感覺是什麼？只有親身體驗方知。被內
勁打中而內傷也是可以理解的事，並非神話，因為人的內
臟是極脆弱的。內勁是可以深內透裏的，是可以隔山打牛
的，即使胸膛架護著鐵板，被內勁打著，依然能深透入
裏，貫穿內臟。

第九章　形如搏兔之鶻，
　　　　　神似捕鼠之貓。

第一節　　鶻

　　鶻：是一種大型鳥類，又稱為�隼。屬於鷹的一種，性情極為凶猛，俯衝極為迅速；鶻，覓食時，在空中盤旋，一見獵物即疾速俯衝而下，連動作靈敏的狡兔，亦難逃被俘的命運。

　　鶻的形體，有壯碩寬廣的翅膀，可以有力的展翅高飛，能盤旋於空中而不墜落，鶻的腳爪堅銳，眼睛犀利，俯衝的姿勢極為敏捷迅速。

第二節　　太極之形

　　修練太極，先修「形」，後練「用」，形就是「體」，功體成就，用法成就，謂之「體用兼備」。形有成就，功體有成就，是為「搏兔」之基本功夫。

　　太極拳的形，含蓋外表的招式、動作，以及太極特有的鬆柔、連綿貫串、氣勁的纏繞等等。

　　太極拳的舒緩勻慢，這是它的形，太極拳的剛柔相濟，陰陽相生，虛實互變，這是它的形，太極的

「邁步如貓行」，這是它的形，太極的「運勁如抽絲」，這是它的形，太極的「中正安舒」、「支撐八面」、「圓活」、「輕靈」……等等，都是太極特有的形。

太極雖然外形鬆柔，卻可練就極堅剛的內勁，因為有「以心行氣，務令沉著」的關係，因為氣的沉著而收斂入骨，累積匯聚成為極堅剛的內勁。以心行氣，以氣運身，最重要的是鬆淨沉著，而鬆淨沉著的唯一前提就是「慢」。「慢」是太極之形的特色，也是太極特有的形，所以，太極應以慢練為宜。

第三節　太極之形，應以慢練為宜

拳經、拳論、或行功心解等太極拳經典，雖無明白舉示練太極拳應以慢練為主之文字記載，然而從經論中，不難看出太極拳應慢練之意涵。

張三丰祖師拳經云：「氣宜鼓盪，神宜內斂。」氣之鼓盪，宜慢，使五臟內腑藉氣之鼓盪得到運轉動盪，達到運動之效果，如果鼓盪太快，呼吸過急，心臟跳動超速，就會傷害身體；神宜內斂，是觀照功夫，心神往內照看，看住呼吸、吐納，心息相依，看住念頭不起妄想，這就得有靜的功力，而靜乃由慢動中得。

王宗岳先生太極拳論云：「虛靈頂勁，氣沉丹田。」欲達氣沉丹田，呼吸得慢，而深而長而細而勻，然後氣始能落沉於丹田，快則不能達。

行功心解云：「以心行氣，務令沉著，乃能收斂入骨；以氣運身，務令順遂，乃能便利從心。」行氣，一定要沉著，氣才能斂入骨髓，生出內勁，強化筋脈；運身，呼吸必定要順遂，不能急促，才能隨心所欲，使身心得到利益；所以行氣欲能沉著，運身欲達順遂，下手處皆以慢練為是。

行功心解又云：「邁步如貓行，運勁如抽絲。」練太極拳之基本功，貓步，步法宜穩，宜輕，宜慢，慢工出細活，慢中練就輕靈，慢中練就沉穩；若快，變成走路，無法成就功夫。運勁如抽絲，古人養蠶抽絲，織布做衣；當蠶吐絲成繭，經水煮，繭軟，以人工抽絲，抽絲有技巧，就是慢而勻，絲才能被抽出而不斷裂；同理，太極拳鼓運內勁，就像抽絲一般，要慢而勻，內勁才能源源不絕生出，累積蘊藏而備用。

綜觀太極經論，並無一處指明練太極拳的練法須快疾的。

反觀拳論云：「斯技旁門甚多，雖勢有區別，概不外乎壯欺弱，慢讓快耳。有力打無力，手慢讓手快，是皆先天自然之能，非關學力而有為也。察四兩撥千斤之句，顯非力勝；觀耄耋能禦眾之形，快何能焉！」故知，拳論主張，有力、手快，皆先天自然之能，非關學力而有為也。而且，太極拳「以慢制快」及「練時慢應用時快」的理論，並無不妥。

練時慢，是練氣，沉藏內斂為勁，是練體，是練內功。練體成就，透過用的練習，在用時，自然可慢可快，

隨心所欲，此謂體用兼備。如果功體尚未成就，亦即慢的功夫尚未成就，就急著去練或兼著去練那些快速的練習，將會徒勞無功，而且練成拙力。

　　太極拳功夫成就時，是可以「以慢制快」及「練時慢，用時快」的，因為真正太極拳成就者，是可以「後發先到」的，「後發」就是「慢」人半拍，雖「慢」人半拍，卻可以「先到」，這才是太極拳。

　　筆者看到很多習練太極拳者，初練時即有發勁拳架之練習，因為本身之內勁尚未練就，其發勁之狀，變成極不自然之硬力，練了很多年，在實際應用發勁時，仍是空勁拙力，永遠無法成就太極拳真正的內暗勁功夫。所以欲練兼有發勁之太極拳架，須先將本身之功體練好，俟內勁練就，欲練發勁，即可水到渠成，事半功倍。

　　據傳太極拳宗師楊露蟬有一則公案，有人問宗師教京城那些王子哥兒們太極拳，都是慢吞吞，軟綿綿的，可以練就功夫嗎？答案成懸，有人認為楊宗師是漢人，教那些公子哥兒們當然是有所保留的，事實如何？至今成為無頭公案。個人以為，楊宗師並無所謂的「有所保留」，太極拳之體用，本來先練體後練用，練體當然得慢勻鬆綿，內暗勁始能成就；京城那些王子哥兒們之所以無法練就太極功夫者，除了沒有老實認真練拳及不具悟力者外，我想一定還有功夫成就者。

　　某些人自創太極快拳，以為是種創見發明，事實上只是畫蛇添足，頭上安頭罷了。蛇本無足，強畫上足，頭本來也只一個，再安上一個頭，謂之多此一舉。

學練太極拳首求正知見，有正確的觀念，正確的方法，才不至走岔路，離太極拳的本質，愈行愈遠，否則習練多年沒得到真功夫，而誤認太極拳不能用。還有練太極拳要老實認真，在認真老實練拳中去求悟，如果將太極拳當做學術去研究，是無濟於功夫的修練的。

第四節　太極拳的慢與快

太極拳一般的練法，都是以慢練為主，講求鬆柔，不用蠻力。太極拳，也有快慢相間的練法，如陳派太極拳。有些人喜歡標新立異，自創所謂的快太極，使太極拳變成渾亂現象。

太極拳名家常說：「慢要比人家更慢，快要比人家更快。」也說：「練時慢，用時快。」

「慢要比人家更慢」，是指練法，在行功打拳架時，宜慢，因為慢才能行氣運身，才能導氣斂入骨髓，聚成內勁；所以內勁尚未凝聚之前，是不宜練發勁及使快的動作，如果太極拳初練時，就有快速發勁的練法，是不能成就功夫的，雖然外形上看似有勁，實則是不具威力的。

「快要比人家更快」，是指用法，是指發勁。當內勁成就時，要快，就可以比人家更快，所謂後發先到是也。為何能如此？因為發勁是內氣的作用，是意念的驅使，意念一動，勁已然到位，像子彈的擊發爆破一般，是迅雷不及掩耳的，所以能比人家更快。

內家拳要求「練時慢」，要以心行氣，以氣運身，氣

要慢、要長、要深、要細、要勻，要滾盪、要導引，要沉著，外形身手腰胯要擰鑽，要纏轉，要摺疊，要如拉弓，如抽絲，綿綿深細，這樣練功行深時，內勁則日漸凝聚內斂。內勁成就了，當然可以「用時快」。

本章所謂的「形如搏兔之鶻」，是指用法而言，指太極拳在應用於推手、散打搏擊之時的形態，也就是它的外形態勢氣度，要如鶻鳥一般的疾速、脆厲、勇猛，發勁打人如鶻鳥搏兔似的簡易。

第五節　貓的眼神

貓的眼神，平常是溫馴的，但在捕鼠、捕捉獵物時，卻是犀利炯炯有神的，牠會靜靜地趴在一旁，專心注視著獵物，一逮到機會，就出其不意地往前撲。

第六節　太極拳的神

行功心解云：「神舒體靜，刻刻在心。」又說「內固精神，外示安逸」、「全身意在精神」。這些都是在闡述「神」的重要。

神，指精神、元神。在練太極拳時，精神、元神須往內收斂，也就是將神意向內心收攝，說白話一點就是心念不往外放逸，元神不往外放射的意思。

俗語說：「心猿意馬」，常人的心就像猿猴一樣，動個不停，永遠沒有安靜的時候；常人的意念像馬一般的奔

騰，無法靜止。心神如果放逸、散亂，我們的內氣就會渾濁，會散慢，會衰微，無法凝聚，所以，氣需要神意來收攝、調伏。

精神能內斂、收攝，才能使氣不散亂，才能使氣凝聚。氣能凝聚，再用意念來導引，經過意念的導引，氣就能在體內鼓盪，而運行週身，而氣斂入骨，而成就內勁。

第七節　拳的神韻

行拳要有拳韻，使人感覺拳腳在運行時注入了靈魂，不只是空殼子在那邊舞動。欣賞盆栽，不光看它的枝葉茂盛，或花朵豔麗，此皆外表。一株久年的老盆樹，既使部分的枝幹已萎枯，而其它部分卻仍生出青翠的枝葉，雖歷盡風霜卻顯出堅毅的蒼勁，屹立而不搖，從它堅固的根盤，挺拔的幹勁，散發出卓絕的生命力，使人感覺到它的內在美，這就是它的神韻。

一個專畫人像的畫匠或專雕神像的雕刻匠，其作品是千篇一律的，是機械固定式的，他的作品再怎麼逼真，總是缺乏創作力及生命力，故終究是一個畫匠或雕匠，無法進入藝術家之林。行拳如果缺少神韻，既使是出拳虎虎生風，震地有聲，無非是花拳繡腿，終究是一介武夫。

據聞李雅軒老前輩，表演太極拳時，連不懂得的小孩亦能感覺周遭氣氛的寧靜。拳的內涵，在靜謐當中，可以感覺氣的流動與鼓盪，在拳動中又給人感應到內心的寂靜，在鬆柔中讓人感覺到內勁的運行，把拳的靈魂發揮的

淋漓盡致，而達到了神的境界。拳要練到功深時，才能展露出拳的氣質與神韻，裝是裝不出來的。

第八節　神似捕鼠之貓

貓在補鼠時，眼神是寧靜的，是犀利的，是專注的；老鼠看到貓，被貓的眼神嚇呆了，傻愣了，逃也逃不了。

神似捕鼠之貓，是指太極拳在格鬥搏擊時的神情與氣勢，內心須是極靜與鬆淨的，神情是專注不二的，眼神銳利要能撼懾對手的心。

武聖關公，平常都是開三分眼的，眼神內懾不露而正氣自然顯發；當要作戰殺敵之時，眼睛一張，神光四射，威震八方，令敵喪膽。

太極拳，在練功體拳架之時，神宜內斂，含懾不露，眼神雖隨著身形、手指而靈動，但神不外放，心靜而不馳騁；在遇敵搏擊放勁之時，眼神須銳利震懾敵心，使敵喪膽，未戰先勝。

神情是內心的展露，眼神含蓄著膽識與氣勢。

第九節　神的內涵──氣勢與膽識

氣勢，是展現於外的氣質態勢，是一種外在精神的顯露。

膽識，是具備了內在的戰鬥實力，內心不憂不懼，不屈不撓，臨危不亂，處變不驚，在惡劣環境中，能輕鬆從

容自在，不慌不忙，以靜制動，靜觀其變，安然應付一切逆境與危機，內心如如不動，是一種內在氣質的展現。

武術家的氣勢，外現鬆柔，中正安舒，輕靈而沉穩，飄逸而豪邁，炯然而內斂，虛懷若谷；內示安靜無慮，神情自若，正氣凜然，內觀返視，自信而不驕慢，虛心而不妄自菲薄，內心深處若有所思，若有所尋，卻不刻意與執著。

氣勢，由內涵而展現，如果功夫不深，修練未熟，則呈現信心不足，輕浮草率，泯嘴歪臉，處事動作含糊而不確實。

功夫有深度，藏而不露，謙而有禮，率直有正氣，自然流露出武術家真善美的氣質。太極拳練到了相當的基礎，慢慢會展現出溫文儒雅，含蓄蘊藉，穩定莊重，不怒而威的氣勢。如果練就了內勁，對推手散打用心追求磨鍊，達到化勁之境界，發揮防禦功能，如是則遇強而不懼，逢眾而不驚，此時已然練就了膽識。

有膽識的修練者，身心更謙卑，更深藏而不顯威於外，更虛心而含蓄於內，不畏權勢，富正義感，令人生敬。

膽識，不是逞兇好鬥，逞匹夫之勇。膽識，是堅毅內斂，正氣顯發，仁者無敵。學上了功夫，具備了膽識與氣勢，並非藉此惹事生非，而是以膽識、氣勢降伏對手，以德服人，達到淨化人心之作用。

以膽識展現內在的實力與無畏的風格，以氣勢呈露自身的修為與風度。膽識與氣勢是一體的兩面。徒有氣勢而

沒有膽識，是虛有其表，裝模作樣，發揮不了作用，有膽識就必然會有氣勢，有內就有外。

　　練太極拳，須以心行氣，以氣運身，虛領頂勁，神意內斂，氣沉丹田，除了鍛鍊氣勁的增長外，無形中已蘊含了正義之氣的培養。

　　孟子說：「吾善養吾浩然之氣。」又曰：「氣以直養而無害。」當我們心存善念，日日月月年年，不斷的累積培養正氣，功夫行深時，自然鍛鍊出一股剛毅的正義氣勢。氣勢必須以正念作依託，才能培養出正氣，若心存邪念，顯發的就是邪氣，邪與正鬥，終是邪不勝正，這是千古不變的定律。

　　我們習練武術，須心存正念，才能培養出剛毅的氣勢；也只有下功夫，用心習練武術，才能鍛鍊出無畏的膽識。

　　神的展現，含蓋氣勢與膽識，內外兼蓄，內是膽識，外是氣勢。

第十章　靜如山岳，動若江河。

第一節　靜與動

靜，分為內心的寧靜與肢體的止靜，內外具靜才是真靜。內心的寧靜包含不貪、不瞋、不疑、不狂妄、不嫉妒、不帶有心機等等；肢體的止靜就是不隨便亂動，不刻意的矯揉造作。

打太極拳，是外動內靜，外形雖有招式拳架的動作比劃，但這個動，是有規則、規律及一定的規格，是呈曲線、圓弧、摺疊、纏繞、擰裹的動，這是太極拳展現於外的「形」。

太極的靜，是心靈的靜，是深處的靜，雖然心靜如止水，但體內的「炁」卻如流水般的潺潺而行，如天空的行雲似的幽閑遊略。

太極是動靜皆宜的，是動靜兼具的，動如脫兔，靜如處子，動若江河，靜如山岳。動如脫網而逃的兔子，靜如處（子）女那樣沈靜。

在推手或實戰時，要以逸待勞，以靜制動，彼不動，我不動，彼微動，我先動，要待機而動；動而發勁之時，要冷脆疾速，猝不及防。

第二節　靜而練體，動而練用

　　練拳架，練功體，肢體要鬆淨、氣要沉著，要達到鬆淨與沉著，必須內心要極寧靜，體鬆心靜，氣就來了；以心行氣，氣就凝了；氣凝了，就能運，運得順遂了，就能便利從心，隨心所欲。

　　太極拳的動，除了行功走架的動，還有發勁時的氣動，發勁時，意念一提，一個作意，已然意到、氣到、勁到，如影隨形，完整一氣，連綿不絕。

　　發勁只是意念的作意，同步引動丹田之氣，向下打入暗樁，同時藉由腳根暗樁之反彈勁道的回傳，透過手的掤勁，爆破到對手身上，這一連串的動作，是同步同時的貫穿聯結而完成的一個整勁態勢。

第三節　寧靜致遠，勤以成學

　　諸葛亮先生說：「靜以修身……，淡泊以明志，寧靜以致遠。『學』須『靜』也，『才』須學也。非學無以廣才，非勤無以成學。」

　　如今也要以這句話來與修學太極拳者相勉。練太極，不只是練功夫而已，還要修心養性，才能使功夫更臻上乘。用「靜」的功夫來修身，鍛鍊身體，練太極首求靜，靜而後動；有了靜的功夫，才能行功運氣，透過心的寧靜，才能氣動，氣動後而能聚、而能運。行功心解說：

「靜如山岳」，心要像山岳一般的如如不動，是為靜中功夫。

勤儉淡泊，以修練太極的立場而言，勤，就是努力；儉，是儉樸、儉約。淡泊，就是不貪著五慾。

俗云：「勤能補拙」，又謂：「三分天才，七分努力」，一個人要成就一件事業，端看有無下工夫去努力；練功夫也是一樣，下了多少工夫，就會得到多少功夫，不下工夫，當然沒有功夫，工夫就是時間，功夫是靠時間累積而成的。

練太極拳要循序漸進，經久不輟，功力才能一天一天增進。如果一天打漁，三天曬網，則到老還是一場空。現今工業社會，生活既緊張又忙碌，然而對武術有興趣者仍不乏其人，遺憾的是大多數的人都缺少一個「勤」字，也就是練的不勤，不夠積極，不夠用功，不夠認真，而且會為自己的懶惰找理由，找藉口，不是太忙就是沒有時間，自我敷衍，這些理由都是牽強的，自欺欺人的，自己佔自己的便宜，而終究吃虧的還是自己。

每天騰出一兩個鐘頭來練功夫，應該是沒問題的，就看你有沒有那個心。惰性是害人的，人往往為了工作稍為累一點，或天氣稍為冷一點，而成為不去練功夫的理由，其實全是貪睡、懶散而已。

另有一種人，每天都看到他出來練拳，但卻不專心，不用心練拳，身體雖盤著架子，神思卻在外頭蕩遊；或者比劃幾下就停下來休息，或站在一旁與人聊天，表面上看起來似乎很勤，遇有活動的場合都會看到他的蹤影，還與

人高談拳理、拳架及用法，蠻像一回事，就好像一個整天抱著書本的孩子，似乎很用功的在唸書，但心不在焉，滿腦子妄想雜念，成績單發出卻是滿堂紅，令人愕然。

所以既已下了決心練功夫，那麼就勤快的練，用心認真徹底的練，老老實實的練，一分耕耘才會有一分的收穫，切莫躐等以求，蹉跎歲月，到老一無所成，而徒嘆息；更切莫誤信武俠小說，妄想際遇高人藉內力傳輸，或巧獲神丹，一夕而武功蓋世，這些都是不切實際，天方夜譚，不可能的事。

據聞，太極名家鄭曼青先生，每天早晚都要練拳，自己立下規矩，早上不練拳就不吃早餐，晚上不練拳就不睡覺，數十年如一日，終而有成，這是身勤。

李雅軒宗師亦是如此，時時刻刻心不離拳，據聞李師有回與人吃飯，突然乍放碗筷，猶如發現新大陸一般，提筆疾書，忽有所悟，靈感乍現，即刻寫下，充分將拳與生活結合在一起，他的拳論創見對於後輩學者助益宏偉，這是心勤。

一個人成就一件事業絕非偶然，成功的背後須灑下甚多的汗水。

勤的定義包含身勤與心勤，要練好功夫必須身心並練，勤而不懈，耐心而有恆，持續無間，抱持拳練一生的理念。這是孔明先生說的「非勤無以成學」。

「淡泊」，看淡身外之物，看淡財、色、名、食、睡這五慾，才能專心修練功夫，如果被這五慾所纏，要成就功夫是不容易的。只有淡泊各種慾望，心才得寧靜，才能

修學太極這種靜的功夫。

「寧靜以致遠」，靜中還要安寧，寧靜以致遠是說身心安寧靜定，能有這種身心安寧靜定的功夫，才能達到長遠的理想目標，套用到修練太極來說，身心安寧靜定，是為練功的首要功夫，唯有寧靜鬆柔，才能有氣動，才能以心行氣，以氣運身，進而氣沉收斂入骨，匯聚成勁，透過運勁功夫而成「百煉鋼」，無堅不摧。

第十一章　蓄勁如張弓，
　　　　　發勁如放箭。

第一節　蓄　勁

蓄勁，顧名思義，就是把勁道蓄積起來，準備發放的意思。那麼，勁是蓄在哪裡？勁要如何蓄呢？

第二節　勁是蓄在哪裡？

勁是蓄在丹田，所以有人稱之為「丹田勁」；勁也可以蓄在腳底，準備打樁用；勁也可以蓄在手臂，以太極八法而發勁。

第三節　勁要如何蓄呢？

蓄勁是吞，吸而吞入，吞入而束集，束集又稱為「束身」，就像一把筷子，把它們束緊在一起而不散開，綁集而聚合成一股凝結力；束身，又牽連到「下腰」、「落胯」，有下腰，有落胯，氣才能落沉匯集於丹田，為發勁而作準備。

吸吞，不只是鼻間的出入息，重要的是丹田的內轉鼓

盪。

蓄勁要將氣貼於背脊，是為「力由脊發」的發勁而做準備；氣勁貼拔於背，成為張弓狀態，謂之「蓄勁如張弓」。

「張弓」，是把弓拉至極盡，弓有彈力，借彈力而發射。

蓄勁還要蓄勢，所謂「蓄勢待發」，勁，是內裡的質量，勢，是外表肢體的勢態，要內外相合，發勁才能產生最大作用。行家的外勢，是走極小圈，使人很難瞧見。

第四節　發勁與綿掌

發勁，須是鬆綿而富有彈力的，如果發勁者自覺雙掌碰觸到對方身體是硬硬的，就是自己用到拙力，用到兩手的局部之力，沒有整勁，沒有完整一氣，不是以腿腰，以氣來發勁，而是以天生自然賦有之蠻力而為的，也就是說，是不懂得發勁，是不會發勁之人。

練就渾厚的內勁之人，而且兼具會發勁的人，發勁的狀況是，兩掌輕觸對方，輕鬆一彈，對方即全身彈抖而出，是直彈而出，非只是退步或移動，是甘脆而俐落的奔彈跌出。而且按到對方的身體，對方皮膚肌肉被碰觸的感覺就像一層棉絮裹身一般，軟綿綿的，外表的皮膚肌肉沒有僵硬繃痛的感覺，但身體裏面的臟腑確是非常震撼與驚悚的，有如臨深淵，如履薄冰的危機之感受，但等被打跌出回神之際，才覺身體安然無恙，而自歎不已。

　　這是高手的發勁，他可以掌控自如，點到為止，不會傷害到對方。若是一般的蠻拙力，出手是無法節制力道的，打出去就出去了，難以收手控力，所以往往會造成無謂的傷害。

　　發勁如何讓人不覺痛？首先，得先成就自身之功體。功體包含椿功、氣勁的渾厚、腰腿的彈抖勁及手的掤勁。

　　站椿是武術的基礎，沒有椿，任你多會打，都是空殼子，是沒有內涵內在的，而且發勁是須要靠打椿的，沒有像磐石般的椿，是無法發勁的，只能使使粗糙的蠻力。

　　氣勁的渾厚修練，得靠以心行氣而令沉著，而後收斂入骨，這是拳經之名言，也是老生常談，但是沒有明師口傳心授，也是很難成就的。

　　腰腿的彈抖勁，須能像蒼龍抖甲般的彈抖。這彈抖的條件，除了底盤的暗椿須能打入地底，還有丹田氣的引動，再者，腰的擰勁需要成就。

　　手的掤勁，也是由站椿盤手，透過鬆柔的運氣行功，而令手勁沉積，成就掤勁，雙手兩臂，似鬆非鬆，似緊非緊，柔中有剛，剛中有柔，外柔內剛，棉裏藏鐵，輕似羽毛，沉如千斤。

　　功體成就了，還不一定會發勁，如果沒有明師的餵勁，難免僵拙橫蠻。

　　如何發勁令人覺是「綿掌」，裡面有很多的技巧，須是老師當面解說演練，反覆不停的說，反覆不停的練；領會能力好的，很快就能悟入，悟性差的，可能半年，一年，兩年，或更久，但只要堅持下去，總有領會的一天。

第五節　蓄勁與餵勁

人一出生，需要母親的餵食，才能日漸茁壯長大成人；練拳者需要依靠師父來餵勁，才能體悟勁的用法，才能「聽勁」而至「懂勁」。現在一般習武者均偏重於盤架子，由於老師不懂得如何餵勁，因此練拳的人，真正學到技擊功夫的少之又少，餵勁的功夫幾瀕於失傳。

拳術練到了一個相當的水準，為師者應當對徒弟善加餵勁，透過化勁及發勁的練習，使其內勁慢慢爆發出來。

練習發勁之前，要先懂的如何接勁；接勁含有化勁的成份在內，簡單比喻，如棒球，投手一球投過來，捕手在接球時如果硬接，在球落袋碰觸的剎那，會發出一股巨大的撞勁，因球被投手投擲出來，力量與速度是很大很快的，硬接的話，手腕會被震傷。

所以在接球的剎那，必須順勢往後、往下坐勁，也就是接勁，如此才能化去球的猛力；接勁與接球的道理相同，要在此中體悟消息。

接勁之練習，先由老師向學生做勢發勁，讓學生練習如何接；勁由小而大，由慢而快，經長期訓練之後，神經感應會慢慢產生靈敏作用，也就是所謂的「聽勁」。聽勁練出後，慢慢進入「懂勁」的階段，此時對方來勁之大小及快慢動向均能感應而知，接勁及化勁的功夫已經成就。

只知走化，不知反擊，永遠是挨打的架子。反擊的時機為何，需要為師者高度的技巧，才能使學生在餵勁的過

程中，慢慢去感覺，去體會，其中包含兩者之間高度的默契。起先為師者做勢發勁，學生應勢而接，在來勁將盡之際，要抓住時機，反擊而出。這其中的比喻，就如我們用力去按一塊彈力很大的彈簧，在下壓的力量將盡時，會被反彈而出，讓學生體會出那彈簧反彈之勁。

拳理所云「四兩撥千斤」，乃是借力使力，假使對方未使出力量，要將其發出，勢必付出與對方體重相等之力，對方體重如果超過於您，如何推動的出，只有借力使力，來力愈大，反彈之力愈大。

餵勁做勢被發，需要高度的技巧，要讓學生練至發勁時又輕又巧，完全是一種反彈力，不是硬力。反彈發勁的時機，快了變成相頂撞，慢了又得不著機勢，要不快不慢，恰到好處，得機得勢。

在訓練當中，為師者偶而做勢被發，偶而做個引勁將學生發出，速度時慢時快，勁道時大時小，使學生的觸感知覺慢慢產生靈敏作用。

餵勁練習的道理，彷彿我們小時候玩打板球，球是海棉體連接一條可以伸縮的小橡皮絲線，當球打出去時要順勢拉回，再打出去，連續不斷。如果擊出與拉回的時機拿捏不準，就無法連續拍打；技術純熟了，閉著眼睛照樣十拿九穩，玩球於手掌中；打板球的技巧，完全在於聽勁，當我們練會了聽勁，到達懂勁階段，閉著眼睛也可以將敵人打擊出去。

老師不能時常在身邊為我們餵勁，在懂得餵勁的道理後，可以與師兄弟或識性的拳友互相餵勁，切記不可爭強

好勝，使用蠻力，忘記鬆柔，如此有恆的練下去，兩、三年就能打好推手的基礎。

餵勁，裡面有蓄勁的內涵及練習，譬如，老師作勢向學生發勁，學生在順勢坐化接勁之時，可以作蓄勁的練習，在承接老師之勁、在坐化之時，轉吞丹田之氣，凝聚匯聚而斂納於丹田之氣囊之內，並將來勢來力承接入於腳底，因丹田氣的匯蓄集結，而且在順勢往下承接的剎那，自然會產生一股彈簧慣性的反彈勁道，藉此反彈勁回打發勁。

第六節　脆勁與Q勁

脆勁，是乾淨俐落，不拖泥帶水，如同撕裂物，一撕即裂斷，不會藕斷絲連。

脆勁，如採水果，頓挫一採，果粒與枝梗即刻斷離；若是用拉扯之力，果粒會隨著枝椏牽連而動，需到一定的距離，果粒才能被拉扯分開。

以脆勁打人，會令人全身顫抖悚慄，魂飛魄散，內臟瞬間移位。

脆勁，也可稱之為冷勁，冷不提防，勁已著身，如迅雷不及掩耳，脆冷之勁一觸著，會嚇得人一身冷汗，剛想逃避之時，身體已被擊中跌出，等回魂時，猶是莫名所以。

打撞球，瞬間拉桿折回，當母球撞擊子球之剎那，子球奔撞進洞的結實力道，可以去聯想脆勁的威力。若是推

桿的話，力道則有天壤之別。

　　汽車撞到一個物體，忽然煞車，輪胎剎那鎖住，物體被震飛天，這也是一種脆勁的譬喻。

　　一根薄薄的塑膠帶，如以拉扯之力，想讓其斷開，是很困難的。只要打個活結，以脆勁頓挫一採，即刻斷裂，這是脆勁。

　　太極八法發勁，皆可發出冷脆之勁。譬如採勁，會採的人只要拇、食、中三指或拇、食二指輕輕一粘一扣，微一作意，氣一沉，就能將人之全身撼動，也不需曲膝落胯，甚是微妙，甚難思議。

　　脆勁，是以己身的氣勁，去到對方的摧枯拉朽。

　　Q勁，彷彿麵粉之筋道，桿揉麵粉搓麵團，需要力道與時間，二者兼到，粉團才會Q又有勁，可以耐摔耐打耐拉而不斷裂，它是具有彈力的，拉長後它會自動回縮，恢復原狀。

　　內勁初生之時是不Q的，是僵固的，是嫩稚的，是不活潑，是沒有生機的，是沒有變化的。要把它揉，把它搓，需要時間去琢磨，需要用功去焠煉，這就是「運勁如百煉鋼」。彷如一把好劍，有柔軟，有堅剛，可以曲直伸縮，可以削銅砍鐵。

　　Q勁，可以吸，可以放。吸即蓄勁，放即發勁；吸即拉弓，放即射箭。吸即化勁，放即反彈，化打一氣。

　　Q勁，可以乘載蠻力、拙力、硬力，疊時可以乘載萬斤，折回時卻可以使出無窮的巧勁；在折疊之中，似鬆非鬆，若剛非剛，是柔中帶剛，是剛中含柔，它是中道，不

偏不倚。

　　勁，需要依靠老師的餵勁，日久而Q，Q了才能發出脆勁。能發脆勁才是真正會發勁之人。

　　脆勁，是Q勁成熟了，千錘百鍊之後的結晶。

　　Q勁成就了，就能打脆勁，才能發勁如放箭。

第十二章　曲中求直，蓄而後發。

第一節　曲與直，蓄與發

　　曲，是曲蓄，是一種蓄勁動作，也就是行功心解後段所說的「勁以曲蓄而有餘」的意思。行功心解裡面，有很多語句，都是重複的說，反覆的說，因為這是練太極拳的重點，是太極拳的核心，如果能前後融會貫通而實證，才是會太極之人。

　　曲，就是不很直，太直則易折、易斷；曲，才有伸縮的餘地，曲，才有蓄勁的餘地；勁，因為有「曲蓄而有餘」，才能連續發勁，連續攻擊，彈藥不絕。

　　曲，是一種「下腰」動作，是一種「束身」動作，是一種含蓄的作用，是一種凝氣蓄勁的態勢，把氣與勁，曲束蓄結於全身，蓄勢待發，為發勁作準備。有「曲」的蓄勁、蓄勢，才有「直」的發勁與放勁。

　　「曲」而後「伸」，謂之「隨曲就伸」，曲而後伸，即能營造出彈簧勁及摺疊勁，還有纏絲、擰轉之勁；曲，是一個拉弓狀態，伸，伸直而出，是一種放箭狀態。

　　「曲」，包括著手臂的曲，腰胯的曲，膝蓋腳踝的曲，這是肢體關節的「曲」，其中還含蓋著內裡丹田之氣

101

的「曲」，丹田之氣是要曲折迂迴，往復摺疊的。「曲蓄」，深層的講，是丹田之氣在曲蓄，身體肢節只是配角的搭配，如果沒有丹田之氣的曲蓄，勁是無法蓄積的，當然也是無法發勁的，若強說他也推得人出，只怕是鬥牛式的蠻力而已，絕對不是太極的發勁。

直，不是真正的挺直，直，只是把筋脈鬆透、拉開、撐開、撐開，透過運勁、運氣，使氣通透而斂入筋骨深層。在直中是含曲的，所以，才謂之「曲中求直」，譬如，手臂伸出去，捧出去，似直非直，肘是垂墜的，肩是鬆開而沉著的，肩的筋節要拉長開去。只有肩的拉拔鬆開，肘才能沉垂，兩個主節，才能形成一個基座，發勁才有依靠之支點，才能營造省力原則。脊背要拔直，頸椎要撐直，要頂頭懸，立身要中正。

肩的鬆，不是懶慢，軟掉，而是張開、放大，把肩骨筋節拉張到極致，內裡的筋有繃緊拉長的感覺。這種拉長張開，不是靠肌肉的蠻力用力，是靠意念帶著氣勁用暗勁去行運。

肩，鬆開、拉開、撐開、撐開後，肘自然沉墜，日久，掤勁慢慢長成。

太極拳要求「沉肩」，兩肩必須往下鬆沉，手臂往上提舉時，肩幾乎是不動的，只是隨著氣動而為動，因為肩不是隨著大臂與小臂而牽動，相反的是因肩的根節筋的牽引而帶動大臂與小臂，在此情況下，整條手臂的筋、膜、韌帶及連動的肌群、神經，全部將會聯串的被帶動牽引出來，包括氣和內勁。

　　手臂前推時，肩不能隨臂向前遞，手臂往後動時，肩不能隨臂後抽。手臂的動作不能牽動肩，肩是一個基座，是主，手臂是從，主從關係須分清楚，只有這樣，肩才能鬆開、拉開、撐開。這肩的鬆開、拉開、撐開，並無著力，如果肩著力，之間的肌肉、神經必然緊張而僵硬，之間的韌帶無法拉拔伸開，無法成就彈簧之勁，內勁也將無由成就。

第二節　曲蓄不是癱塌

　　曲蓄，是蓄氣、蓄勁；曲蓄，不是彎曲無力，不是癱塌、軟懈。

　　常見的癱塌有兩種：一、塌肩。二、塌膝。分述如下：

一、塌　肩：

　　塌肩，是肩膀塌陷無力，或者聳肩虛浮，無法墜沉；肩不沉則肘不墜，肘不墜，則支點亦將失去，支撐力沒了，勁也將難以施展。

　　肩，是整隻手臂的根節，若根節癱塌，勁將何施？

　　塌肩則無掤勁。

　　掤勁是肩、肘、手的整體乘載，缺一即非完整，沒有完整，即是凹凸、斷續、缺陷。

　　打拳時，發勁時，肩微微伸展，似直非直，似曲非曲，外表鬆鬆柔柔的沉墜著，內裏的筋脈需有彈性的撐持

著，似鬆非鬆，將展未展。

發勁時，勁由脊發，由脊催肩，肩催肘，肘催手，總須完整一氣。肩若癱塌無撐著力，勁如何傳送至手？

掤勁含蓋肩、肘、手。肩肘手的掤勁，由涵胸拔背而至，若胸不涵背不拔，肩肘手亦將失去依靠。

涵胸拔背需靠腰胯支撐，腰胯需靠腳足支撐，故謂：「其根在腳，發於腿，主宰於腰，形於手指。由腳而腿而腰，總須完整一氣。」

腳的根節在足掌，手的根節在肩胯，身的根節在腰胯，三根齊至，加上丹田之氣的引導，與意念的到位，合之為完整一氣，方可謂之整勁。

二、塌　膝：

塌膝與塌肩，是同一個意思，也是拳法練習與應用時的一個通病。

塌膝，是膝蓋癱塌，沒有支撐力，在發勁時，那個槓桿原理的支點，失去了。失去了支點的支撐力，在發勁時就無法省力，就會拼出蠻力；再者膝蓋癱塌則腳根虛浮，失去平衡中定，肯定是挨打的架子。

塌膝，在武術的步法中，是最常見的毛病，但卻很少人注意的到，尤其是練太極拳者，連站在前面帶領學生的教練老師，也會有塌膝的情形，只有會看門道的行家，才看的懂。

因為以盲引盲的關係，因為習以為常的關係，因為大家都如此的關係，塌膝的毛病幾乎被正常化了，也因為如

此，能練出穩固的根盤，及能以根盤之搭配而發勁的人，就變成鳳毛麟角，甚為希有。

所謂塌膝，就是膝蓋軟懈，失去了支點，沒有了支撐力，無法使身體獲得平衡中定。塌膝包括前塌與後塌，前塌，就是膝蓋超越了足尖，使上半身失去支撐全身重量的支點，這個支點失去，欲向前使力或發勁，就會沒有依靠，就使不出力，也發不出勁，在發勁時，身體會虛浮飄搖，因為下盤沒有著力點，因為腳根無法完整的借到地力，所以發勁就變成空包彈，不能發生作用。

後塌，乃身體後坐，向後拖曳時，前膝直塌，後膝彎陷，同樣失去支撐力，使身體向後仰，腰胯往上突頂，氣不能下沉丹田，失去了架勢，台語叫「嘸屈勢」，凡是前俯後仰，漂浮不定，失去支點，都稱之為「嘸屈勢」。嘸屈勢，就是沒有曲蓄的態勢，不能蓄勁的態勢，膝垮了，膝癱軟了，樁也不能打了，還能發勁嗎？

不管前塌與後塌，只要犯了塌膝的毛病，下盤的根，鐵定無法練出，湧泉無根，腰亦無主，終將淪為「力學垂死終無補」的局面，不只是功夫不能成就，有的也會留下膝蓋疼痛的後遺症。

會不會發勁，與塌膝有很大的關係，發勁時兩腳得前撐後蹬，兩腳力點向下運氣打樁，借地反彈之勁，剎那同步崩出，完成一個整勁。如果塌膝，那麼在發勁的剎那，因為膝蓋的癱塌而失去完整同步同時的勁道，無法得到發勁的效果，因為勁道被分散支離，分成二支，無法一貫的關係。

塌膝好像缺乏地基的樓房，彷如空中樓閣，虛浮飄渺，不能穩如泰山，不能變化陰陽，變得呆滯頑冥，轉換虛實不靈，在推手或實戰中，只是挨打的架子。

塌膝，很難用語言文字來描述，只能口傳心授，以肢體親自較正說明，才能有所領會，透過推手及發勁的體驗，才能快速改正塌膝的缺失，步入正軌。

到公園或體育場看人打拳，會欣賞到很多塌膝的場面，前俯後仰，歪七扭八，千奇百怪。然而見怪不怪，因為太極拳已經變成如此這般，其他拳術亦然，已然成為世俗化，平常化，已經變成養生運動化，雖謂之為全民運動，不知是該高興，還是該悲哀？

第十三章　力由脊發

第一節　脊，是指哪裡？

脊，有人把它解釋為「夾脊」，位在檀中及心窩間相對的後背，這是專指一個穴位，這種說法，過於局部。有人把解釋為背部脊椎兩旁的穴位，夾脊，顧名思義就是「夾著脊椎骨」，是在脊椎的兩旁，從胸椎到腰椎，左右各有17椎穴，合計共34穴，這種說法還是有偏頗的。

脊，包含脊柱、背部、肩胛等，不是狹義的單指脊椎脊柱，廣義而言，它含蓋了從尾閭、腰、背、肩、胛等等，它是整面的，不是一點、一穴或單片的。

脊柱，從尾閭到頸椎；肩，分肩部的肩關節與胛部的肩胛骨。在發勁時，如果單以肩部發勁的話，只用到手臂的力量，若肩胛同時發勁，力量就會更大，更完整。

當然，發勁是「力由脊發」，再透過胛肩，由肩催肘，肘催手，這是指上盤而言。下盤的話，當然是其根在腳，發於腿的，總之，是全身一貫的，上下完整的，不可分開斷離的。

行功心解後段有說到：「牽動往來，氣貼背，斂入脊骨。」這邊說到，太極拳在牽動往來的行架當中，要將氣

運貼於背，然後斂入脊骨，所以「力由脊發」是含蓋脊骨、及整個背部，當然肩、胛亦在範圍之內。

第二節　如何做到力由脊發？

太極拳透過以心行氣及以氣運身的修練過程，令氣貼於背脊，然後斂入脊骨，具備了這個氣所延伸而成就的內勁，才能真正的「力由脊發」。「力由脊發」，有三個條件：

一、下盤樁功的成就，能入地生根，能借地之力，而且要會打暗樁。

二、手的掤勁成就，有乘載力，能曲蓄而有餘，配合沉肩墜肘，能隨曲就伸。

三、丹田之氣的凝聚飽滿，能將氣藉由蓄蘊、吞吐、轉折、鼓盪等運作，而達成發勁的效果。

力由脊發的內涵，是丹田之氣的作用，配合腳的暗勁打樁，借地之力摺疊反彈之反座力上傳，而形於手，所以，力由脊發，事實上是丹田發勁，手腳脊只是丹田發勁之借助工具罷了。

依形而說，力由脊發時，要涵胸拔背，沉肩垂肘，手臂撐開，似直非直，曲蓄有餘，發勁時，手往前按，背脊要弓起，氣要鼓起，腳要撐地，下盤的撐地，與上盤的發勁，力道呈前後上下對稱之拉拔，互張、互撐、互對，使出去的力道經由下盤的入地暗樁之撐蹬而有所依附，形成反彈力，這也是拳經所說的：「有前即有後，有上即有

下」，若沒有這樣，是無法「力由脊發」的，因為力發出去時，脊背沒有下盤的支撐、依靠及打暗樁的反坐力，這個力道只是一個普通的拙力，不是一種巧勁，不算是懂得發勁的人。

第十四章　步隨身換

第一節　步　法

步，就是指步法。步法有平馬步、弓箭步、順步、步、進步、退步、過步、跳步、仆步、蹬步等等，這都是步法的形式。以內涵而言，有虛實變化的步法，是重心瞬間的轉化變移，也有發勁時蹬腳的步法，關於蹬腳的步法會在第二節中專篇論述。

太極拳在盤架子時，要虛實分清，轉變靈活而沉穩，要做到身隨意動、步隨身換，要將鬆化偏沉的內容含攝於步法之中。

行功心解云：「邁步如貓行」，在架子的行運當中，實腳須踩穩，暗樁要入地三分，虛腳輕輕舉起，要如貓般的輕靈，無聲無息，不可匆促馬虎略過。

步法是支撐全身重量的根盤，俗云：「手是兩扇門，全靠步取勝。」根盤不穩，步法不靈，在實戰時就會變成挨打的架勢。在實戰中，虛實變換是取決勝負的要件；在發勁時，根盤不穩，無法借到地力，發勁的力道不能發揮出來。

第二節　步法中的蹬步

拳諺云：「消息全憑後腳蹬」、「追風趕月不放鬆」、「硬打硬進無遮攔」，這些名言都是在標榜讚歎步法中蹬步的神妙。可見蹬步在武術的練習當中，佔有極為重要的地位。

「消息全憑後腳蹬」，消息，依字意解是指即音訊，訊息、訊號，若依武術的內涵解釋，是指發揮潛在能力的預感或聽勁反應，及行動時必須去相應、搭配的。不論在拳架或實戰中，在技擊進攻或進步單練中，都必須以蹬步來進行完成，在實戰中，藉由蹬步而倍增撞擊攻打力道，使整勁發揮到極致。

蹬步能練出下盤的奔撞勁道，能於實戰中瞬間打樁，借地之力，力由地起，爆發疾速冷脆的內勁，意到、氣到、勁到，這樣才能追風趕月，才能打進無遮攔，才能在實戰當中令對方兵敗如山倒，如決堤般的崩潰。在實戰中，出拳攻擊，如果沒有上步，勁道受限，但倘若有上步而蹬勁不足，亦難發揮完善的制敵效果。

練習蹬步，也要兼練站樁，鞏固下盤之根。當下盤有根之後，即可做蹬步練習。練習時身體直立，微蹲，氣沉丹田，兩腳距離與肩同寬。左腳輕輕往前邁出一步，成四六步，重心前腳四分，後腳六分，兩手掤起如按人狀，這是預備式。起練時，左腳輕輕抬起離地一寸，同時將重心全部移至後右腳，右腳全掌貼地，與地密合，向前蹬出，

當前腳踩地時,後腳必須迅速向前跟進,保持與預備式前後相同的腳距,寬度也一樣與肩同寬,並保持前四後六的重心。練習五十步就換腳,換成右前左後,同樣練五十步。接下來左右交替練,右腳蹬完換左腳蹬,一右一左的練下去。

蹬步練習,常見的毛病:

1、蹬步完成時不能保持重心在後。

2、身體歪斜前俯後仰。

3、後腳跟步時腳掌拖地。

4、把蹬步誤會成跳步。用跳的身體會虛浮,根勁無法練出。

5、完成蹬步到位時,兩腳沒有前撐後蹬之暗勁,形成踢膝狀態。

蹬步的要領:

後腳蹬地時,氣要沉,意念要到位,腳掌似欲將大地踩沉之意,將大地向後推移,使身體借推移之暗勁往前躍進。腳掌好似划船的槳,大地如若江中的水,槳划動,水有一股阻力,腳掌推移大地也有阻力,身體向前進行時也有阻力。這種阻力的自我虛擬與感覺,非常非常的重要,這跟以後所有暗勁的練習,息息相關,若能觸類旁通,則進步神速。

推手的蹬步練習:

向前發勁雙按,腳掌打樁蹬進,身更沉,不可浮起。

浮起皆是使用蠻力之故，若能氣沉湧泉腳根，藉地之深沉而形乎手，勁道才能紮實，不會虛浮飄渺。

實戰散打蹬步之練習：

1、半步雙按：後腳蹬地前進，前腳向前跨出半步，前腳尖向後撐，前後形成二爭力，如欲將大地撕裂。

2、蹬步搬攔捶：後腳以暗勁向前蹬出，使前腳被催動前進一大步，同時同步出拳。

詩曰：「蹬步切進敵喪膽，泰山壓頂勝在握，硬打硬進非蠻力，道理只有識者知。」

第三節　身　法

身法，包括肩、胸、背、腰和腿等等；武術中所稱的身法，有立身、仰身、俯身、側身、轉身、蹲身、滾身、束身等等，這是身法的形式。

這邊，直得一提的是「束身」，束身是將上半身，從肩胸至腰的部分，束結起來，有人把這稱之為「下腰」，就是把腰胯往下落沉，使肩胸也跟著隨落連結，這是只外表的身形而言；從內涵而說，「束身」就是將丹田之氣，藉著下腰的凝聚態勢，將丹田之氣結紮束捆凝聚在腰身之間，使之不斷離、分散。在發勁之時，透過「束身」及下盤腳根的打樁，使得勁道更加完整凝聚。

身要如遊龍般的矯捷，要如老鷹獵食般的疾速，以此來形容身法的靈活。

身是全身的主幹，五臟六腑皆藏於內。在實戰技擊時，身是攻擊及防守的要道。內臟雖藏於身內，受到外層肌肉的保護，但內臟是極為脆弱的，不能受到強力的打擊，尤其內勁成就的人，勁道是深透內裏的，所以，在實戰技擊中，上身的防守保護是極為重要的。

身法，除了遊走、閃躲之外，在技擊當中，最好的防衛，就是「接勁」，利用丹田之氣所凝結聚成的氣囊，來承接、承受對手的來力，然後藉著丹田的彈簧勁回打，這乍聽好像很玄奧，其實是可能也可信之事，有練到這個層次水準的人，即能確信所言不虛。

身法中，還有腰的彈抖。如果，丹田之氣充實，下盤之椿能入地，能打暗椿，腰身即能疾速彈抖，像「蒼龍抖甲」般滾蕩，這蒼龍抖甲之彈抖，在實戰發勁攻擊時，能發揮迅雷不及掩耳的神速快捷如閃電般的出拳回縮動能。在下一節中，我們就要來談「蒼龍抖甲」這個功夫。

第四節　身法中的「蒼龍抖甲」

先來談談「抖勁」。抖勁，不是手指刻意一直不停的抖動，真正的抖勁，是腰胯的彈抖，像彈簧般的快速彈抖，像狗狗洗完澡將水快速抖乾的全身彈抖，又如公雞抖翎之狀。

蒼龍抖甲，是一種全身彈抖的抖勁，是由腳根而發。如果腳根的椿基沒有成就，如果不懂得發勁的要領，任你怎麼抖也抖不起來，就算腰有在動轉，但是就是不像，很

彆扭的，很造作而不自然，全身晃動搖擺，好像骨頭沒接好。

練蒼龍抖甲，必須樁法成就，兩腳入地生根，要以暗勁來使，如果以腳的蠻拙力去使，抖起來，根會虛浮，不能以暗沉勁抓住地力，所以使起來就會全身搖晃顛簸，因為骨頭沒有「落插」，根不入地，樁沒有打入地底。

還有樁法成就還得要懂得發勁的竅門，如果不會發勁，也是彈抖不來。若是會發勁，但只會明勁，不會暗勁，也是彈抖不起來。明勁直來直往，就是一下，再一下，不能迂迴曲折，隨曲就伸。

蒼龍抖甲，就像小孩玩鼓玲瓏，兩指輕握玲骨下端，往復來回動轉，使玲骨造成一個自轉，兩邊的鈴鐺變成一個公轉，自轉越小，玲擺越快。玲骨下端，譬喻我們的腳根。兩指使的是巧勁，輕靈而不用力，若是用太多的蠻力，鈴鐺就會斷斷續續，忽快忽慢，鼓聲就會忽大忽小。

蒼龍抖甲，不是練著好玩的。在實戰對打時，一拳一掌擊出，要即彈抖而回歸位，準備第二波的攻擊，或變化攻勢。譬如，右掌側劈頭部，彈抖而回以直拳捶打腹部；或沖拳打擊腹部，迅即折回以穿掌攻擊喉部；也可接二連三的快速連打，謂之硬打硬進無遮攔。硬打硬進，並非盲目瞎打，而是因為攻擊的內勁渾厚，而且身手如蒼龍抖甲般的疾速，對方只有節節敗退，毫無招架之餘地，當然，其中還有聽勁的虛實快速變化。

蒼龍抖甲與閃電手是相關的，腰能快速彈抖，手才能如閃電般的疾速；手如果沒有腰的帶領，就變成局部力，

變成拙力，不能完整一氣，不能成為一個整勁。

腰身的蒼龍抖甲，與手的閃電霹靂，都須藉腳根的入地打椿反彈，所以站椿就變的很重要，站椿是武術的基礎。有人以為站椿很單調，枯燥無味，那是因為不懂站椿，練成死力，當然越練越苦。如果練到生出東西來，你一天不站椿，都會覺得很可惜，因為功體一天一天在累積，不練豈不可惜。

實際上，站椿並不枯燥。站椿是外靜而內動，意動，氣動。你要會使氣，會吞吐，會運轉，會鼓盪。氣，是生動而活潑的，它是有靈魂的，你可以與它對話，跟它建立感情，與你情同手足，相連相契，永不分離，謂之守氣，有如照顧你的愛人一般，呵護著，看顧著，不可須臾分離，永遠廝守著。如果能像熱戀愛人那樣，你說站椿還會乏味嗎？不練才可惜呢！

也許，站椿，你不會感覺有功力增加，因為站椿是零存整付，你一天存一塊銅板，不覺其多，一年後就有很重的份量。

功夫在累進的時候，有時候你並無感覺，等到水位爆滿時，功夫自然會潰決而出，讓你覺得不可思議。

椿功成就了，經過老師的餵勁，很快就會發勁，會打椿，會借力，會自然彈抖，腰也能夠蒼龍抖甲，閃電手也能快速成就，水到渠自成。

椿功成就了，還要會打椿，會打椿才會發勁，下一節我們就談談「打椿」這門功夫。

第五節　步法中的打樁

很久以前，去參觀麥寮六輕，看到，壯觀的打樁工程。六輕是填海造廠，所以建廠時要打很多很深的地樁，每一個樁打下去，那種發出的巨響，真是驚天動地，響徹雲霄，駭撼心澈。

打樁，這名詞，比較少人作論述；關於發勁的論述，頂多只會說到「借地之力」、「借力使力」之類，一般的武術，講究「樁功」的不多，甚至有些人貶抑站樁，認為那是死法，誤會「樁功」只是固定、死死的定在那邊，有不屑樁功之態勢。

其實，樁功並非固定式的，也並非「死功」。真正的樁功成就，是在靈活變化，虛實異動之中，都有樁法的存在；樁功，不是站著讓人推不動的玩意兒。

發勁，必須打樁，打的是暗樁，不會發出巨響。

正確的打樁，是樁功成就，內勁成就，內氣成就圓滿，在意到時，已然氣到、勁到，完整一氣的打樁入地，那種脆勁的反彈，是一種爆破力，瞬間而發，迅雷不及掩耳。

打樁，看不到身形，看不到曲膝，只是氣一沉、一凝、一聚而已。若是看到屈身彎腰曲膝，將身體蹲低再奮力挺起，都是不會打樁之人，都是不會發勁之人，都是纏鬥蠻使之屬，談不上有功夫。

打樁有後腳打樁，功夫深者，前腳也能打樁發勁，也

可在身體前進騰空接地時打樁發勁，也就是所謂的「撞勁」，有了這個前進打樁的「撞勁」，才能「硬打硬進無遮攔」，才能「追風趕月不放鬆」，才能「起如風，落如箭，打倒還嫌慢」、「起無形，落無蹤，起意好似捲地風」的達到「後發先到」的境地。

打樁發勁，還要有手的「掤勁」做連合基礎，才能相輔相成，因為發勁是一個完整的「體」，如果有一個局部不搭稱，不綿接，就會形成「斷勁」現象，那個「勁」發出去，就零零落落，分散而不凝結。

打樁必須透過練習後，才能慢慢得到要領。初學者總是用跳起落地的「打地」方式，但是任由使出吃奶之力，就是打不出凝結有勁道的樁，那個樁打下去，總是空空無物，打得腦袋暈暈的，還是不得要領。

打樁必須樁功有成之後，能入地有根，勁道能透入地底深層，入地三分，有了這個基礎，才能稍知打樁竅門。只要意一動，氣一沉，自然能在瞬間打出結實、磅礴、凝聚，令人驚悚駭然的「樁」。

打樁，純是意與氣之神妙運用，配合肢體勢力，謂之外形內意，謂之內外相合，謂之內外六合，內為意、氣、勁，外為步法、身法、手法。步法即靈活之樁法，沒有樁法，不會打樁，不得謂之六合。

拳諺云：「打人猶如雷震地」、「拳打丈外不為遠，近者祇在一寸中」、「拳出如流星，變手似閃電」、「手到步不到，打人不為妙；手到步亦到，打人如拔草」、「打人如走路，起落似箭鑽」。這些都是在闡述步法打樁

的奧妙。

不會打樁，就不會發勁，不會打樁，都是花拳繡腿，都是裝模作樣。「樁者」，地基也。沒有樁的功夫，都是海市蜃樓。

沒有樁功做基礎的武術，都是王宗岳老前輩所說的「非關學力而有為」的「斯技旁門」。

第六節　步隨身換

步法是隨著身法而變換虛實的，步法的變換，除了外形的前進後退，左騰右閃之外，還有定步中的重心虛實變化，說的更玄一點，還有氣的虛實變轉，那是無形的，是內在的變化。

外形的步法變換，是隨著身法而變，這是普通法，盡人皆知的，不需贅言。步法裡面含蓋著心法，心、意、念的快速反射，意到、氣到，氣到而步的虛實已然同時同步完成變換。

身法的轉化，不如步法的虛實變化，下盤的腳、步以及內裡的氣，有了虛實的變換，則身腰大可不必有太大的走化移動，只是身子一虛，下盤為實，已然完成化勁，不必前俯後仰，歪七扭八。

第十五章　收即是放，斷而復連。

第一節　　收與放

收是蓄勁，放是發勁。雖說蓄而後發，好像有前後差別，事實上，蓄與發是一起的，收與放也是連動而無斷續分離的，所以說「收即是放」；看起來好像有斷，其實是連接的，所以說「斷而復連」。

收是吞，把勁吞而蓄聚起來，收是吸，把氣吸納於丹田，蓄勢待發；收，要下腰，要束身，把氣匯歸束集於丹田，藏貼於脊背。放是吐，把勁放出去，放是吐氣，藉由吐氣將丹田之氣的內轉而循著螺線圓弧奔放開去。

收放，是一種虛實的連接轉換，是一種陰陽的互生消長，陰極而陽生，收到極致即放出；陽極而陰生，放到極致即收之，收放而自如也。

收放，是太極的攻防形式，是虛實無端的變化，虛中有實，實中含虛，陰中有陽，陽中寓陰。

太極的發勁，有著不可思議的爆發力、穿透力、彈抖勁、螺旋勁、脆勁、冷勁等等，這些威力是怎生的呢？簡而言之，就是「收放」二字。

收放，是一種肢體架構的折疊，是一種氣與勁的折

疊，透過極快速的折疊，令氣勁受到極致的壓縮而奔竄出來，因為是折疊的反彈勁，所以這個收與放是沒有時間差的，收與放可以說是同步的一個整勁，所以才會說「收即是放」。

「收」的質量決定「放」的效果，蓄勁充滿，發放的勁道就會越強。

第二節　斷而復連

拳經云：「一舉動，周身俱要輕靈，尤須貫串。……無使有缺陷處，無使有凸凹處，無使有斷續處。」

行功心解云：「往復須有摺疊，進退須有轉換。」

又云：「勁似鬆未鬆，將展未展，勁斷意不斷。」這些經論，一再的強調，無論打拳架或在推手散打時，是不能有斷續的。

斷，就是分離、散開，沒有連接在一起。譬如，打拳架或作基本功，如果沒有相續，沒有綿綿不斷，把一個完整的動作，一分為二，中間有所停頓、中止，沒有把它圓成一個弧，接續上去，變成有一個空檔，一個隙縫，使得一個動作失去了連貫性，這就稱為有「斷續」，中間有一個小小的裂縫。這個「斷續」，會使得內氣無法獲得貫串，無法一氣呵成，使氣的運行，不能完整，就變成一種缺陷。

沒有連續貫串，就是「斷」，就是「丟」。在推手而言，「斷」、「丟」，就是沒有沾、粘、連、隨，肌膚皮

表與對手分開，失去神經觸感機制，無法獲知對手來勢、來力的動向與出力的大小，失去預知能力，失去主控權，無法掌握先機，無法得機得勢，知己知彼。

斷與丟，雖說是一種病，然而，這是狹義的說法。

廣義而言，斷與丟，在高手應用得當時，能斷而復連，丟而相續，它就不是一種病了。譬如說，在推手應用時，你一提勁將對手提起，對手雖已腳根虛浮而起，但身體後仰，頑強頂抗，你只要輕輕一鬆開（手離開對方身體）一引，對方會很聽話，身體會跟著被下引，你再順勢一接一搭，再放勁使對方跌出。這其中的輕輕一鬆一引，手瞬間雖有離開對方身體，在廣義而言，這不算是斷與丟的，這就是所謂的斷而復連是也。而且，這是一種高度的技巧，只有高手才能使得出來。

譬如，高空特技的盪鞦韆，二組二人式的，甲組下方之人放手，去承接乙組之人的手，這中間是分開的，但他能掌握時間與空間的機制，當他承接到乙組之人的手時，就是復連了，中間雖有斷，但斷而復連，終而作了一個圓滿的續合。

廣義而言，這不算是斷，真正的斷，是有了缺陷；有了缺陷是很難再相續的，就算勉強相續了，也是有凹凸不完整的，這就是有了缺憾。

所謂「藕斷絲連」，藕雖斷了，還有絲相連著，你一提，下段的藕還是會被牽動而起。在推手時，雙手離開對方身體，表面的虛相看，似乎是斷了、丟了，但是藕斷絲猶連，手丟離了，還有氣相連，你要能牽動氣與勢，把氣

與勢再復合相連起來，完成斷而復連。

　　斷而復連，以心法而言，是「勁斷意不斷」，意不斷就可以再把勁復連起來、接續起來。

第十六章　往復須有摺疊

　　往復須有摺疊，如何解析它真正的意涵？如果只是依文解義，令人看了也是一知半解，似懂非懂，莫知其中奧妙。

　　往復，就是來來去去，往往返返，周流不息，沒有停頓處，沒有斷續處，沒有凹凸處；去又折回，往而復返。

　　在去又折回，往而復返之中，它的連綿貫串相接之處，自然形成一個「摺疊」，恰似摺棉被，把它疊起來，折起來的棉被雖然有多層，卻是層層相疊，相接，相連，還是一個完整的被子，這就是拳論所謂的「完整一氣」，透過完整一氣，而完成一個「整勁」。

　　有「名家」解釋「摺疊」，如是謂：「摺疊乃是手臂相沾，互相翻覆，虛實因以轉變。俗云『翻雲覆雨』，就是摺疊的變相。」

　　我們來探討一下「名師」的「釋義」是否正確？他說，摺疊乃是手臂相沾，意思是說兩隻手臂互相沾貼著，然後互相翻覆，互相翻來覆去的意思，在翻來覆去之中，虛實因此而得以轉換變化，也就是俗話說的『翻雲覆雨』的意思，這也就是摺疊的一種變化的相貌。

　　「名師」如是「釋義」，是否值得質疑？我們來探究一下：

　　他說：「摺疊乃是手臂相沾，互相翻覆。」手臂相沾，就是沾黏著，有相貼著；即有相貼著，就不是「摺疊」，沾貼在一起，如何去「摺疊」。他又說「互相翻覆」，兩手臂沾貼在一起，然後在那邊翻來翻去，虛實因為這樣而轉變。

　　翻來覆去謂之轉變虛實，道理好像不怎麼通，因為翻來覆去，大家都會。一講，大家都會的，就不是功夫，功夫是靠持續的修練與體悟而得，必須有行門的功夫，然後才能有所悟。還有，用『翻雲覆雨』來解釋為「摺疊的變相」，乃是自己的意識思維，與理似乎不通。

　　翻雲覆雨，原意是用來比喻反覆無常，也引伸做人玩弄手段的高明及極其翻天覆地的做事行為，或用來形容男女之間的床第之事。如今，大師用『翻雲覆雨』解釋為「摺疊的變相」，與摺疊原意似乎有很大的出入。

　　「名師」如是「釋義」，是否符合拳理，至今尚無人提出不同的論述。但無人異議，並不就表示正確，只是大家都因不懂而落入他的不正確的見解當中而已。

　　個人謹以習拳的體會，略述己見供參。

　　「摺」乃一個東西把它摺疊相連，而不是兩個東西互沾、互貼，所以謂之「摺」。如果是兩件東西相貼，是可以謂之「疊」，兩個或三個或多個東西，可以疊在一起。即是「疊」，就不須「摺」，只要疊著就可以了。所以手臂相沾，謂之「疊」則可，然不可謂之「摺」或「摺疊」，至此，道理明矣。

　　在打拳運功時，在往往覆覆，來來去去的動作中，必

125

須有許多的相連，相接，相疊之處，俗語謂之「重重疊疊」。這相連，相接，相疊的主要目的，是要把外表的肢體動作及內在的氣，貫串起來，而不斷離，成為一個完整的路勁，這樣，氣才能內外互相鼓盪，動作才能協調無間，如行雲流水一般，如長江之浪一樣，滔滔而不絕。

摺疊的目的不只是純粹的相連，相接，相疊而已，它蘊藏著不為人知的掤勁及暗勁的修練。

在摺疊處，會形成一股極強大的反坐力、反射力；使筋脈拉開著，掤著，然後造成一股自然而成的彈力，久練之後，由於掤勁的沉斂與渾厚，以及筋脈的彈簧之勁的養成，而使發勁能在瞬間快速爆發，去而復返，快速歸位，準備下一波的連續攻擊。

摺疊，必須以意導，氣行，在極鬆之中，去感覺掤處的「沉」。運用摺疊，令氣、勁，一波一波的向前湧去，去而復返，返而又去，氣的往往覆覆，就像幫浦有規律有節奏的往返，功夫使久了，蘊藏的內勁，日復一日的累積增長，有一天，當你感覺手一舉動，特別的沉重，表示內勁已滲入而斂骨，成就不為人知的暗勁。這種摺疊的行功運氣法，就是行功心解所說的「運勁」，靠著這個「運勁」的功夫，而煉成「百煉鋼」，終而成就「極堅剛」的內勁，而能「無堅不摧」。

摺疊處，就像浪濤，一波強勝一波，而且暗潮洶湧。在每個關節處，後浪推動前浪，要須營造一股強烈的阻力，因前浪的阻擋會形成阻力，在肩催肘，肘催手的過程中，自己去營造出阻力，這個阻力就是摺疊處的動力，那

126

種阻力的感覺,只有自己能覺知,外行看不出,懂得門道的,看了就會點頭。

肢體的摺疊,不是像摺棉被般的摺疊,它只身體上各個關節的往復伸縮壓擠,靠著內部的氣與外面空氣的擠盪所營造出來的阻力,使各關節因阻力的關係,所產生的推擠而形成的阻力,在一前一後或一左一右及立體迴旋所造成的往復壓擠,在阻力銜接之關節處,形成摺疊,所以這種摺疊非是像摺棉被一般的重疊相貼黏在一起,只是自己身體各部關節在動作的往復間所營造出來的壓縮阻力,也是一種反推擠之暗勁。

摺疊就像盒子裝著自動彈擊的拳擊套,樞紐一按,拳擊套自動擊出,因為接連拳擊套的彈簧具有摺疊的彈性。身體各部關節的摺疊,就像這個彈簧機,在用時能神速的一舉而出,因為有摺疊而富有彈性的關係。

發勁要有摺疊,才能打出綿掌而讓人奔跌而出;若無摺疊,就像一隻硬棒子直戳人家,只能感覺那種力是笨拙僵固的,這種蠻拙之力,缺少虛實變化,打了就打了,不能伸縮自如。

而摺疊的綿掌,確能掌控裕如,隨心所欲,變化多端,能在聽勁懂勁的神妙中,反應而變化虛實,發勁而人不知,當你覺知時,已被打出,卻莫名所以,腦筋鏽兜,一片空白,停頓半響,一時無法回神。

在化勁及接勁時,也是摺疊在起作用,如何將對手的來力接化到腳底,須靠著各個關節如彈簧般的摺疊及丹田氣的摺疊伸縮,而化解對方的強勢來力,然後反彈回去,

完成一個化帶打的完美動作勢力，所謂連消帶打必須藉由摺疊的作用才能發揮效用。

一般使拙力的技擊，大部分是以招架來阻擋對手的攻擊，只有太極拳及等同太極拳的內家拳所擁有的摺疊功夫，始能發揮「化即是打」及「連消帶打」的功能。

摺疊，不止是身體肢節的往復伸縮，它還含蓋氣與勁的內轉圓弧立體的轉折，所謂丹田內轉及氣在脊背的往復流盪是也。

第十七章　進退須有轉換

　　「進退須有轉換」，有何涵義？在進退當中為何須有轉換？又是轉換甚麼東西？我們先來看前輩們對此句如何釋義，某師謂：「進退不要拘泥一式，須有轉換隨機變化也。」這個釋義，沒有說到重點，因為原文已經說「進退須有轉換」，既然進退須有轉換，當然是不能拘泥一式的，否則就不必說「須有轉換」；再來，「隨機變化」大家都會講，但變化的內容是哪些？要變化甚麼？則沒有交代清楚，所以此師並沒有釋義到此句的真正內涵。

　　又某師謂：「凡有進退亦必要用轉換，此為身法步法配合之一致，故須有此研究，方可以言變化。」此師的釋義，雖有說到身法步法配合，但也沒有講到核心，解釋得太過簡略籠統。

　　綜觀兩位大師之釋義，並沒有將此句涵義真義釋示透徹清楚，一般讀者閱讀後，可能還是不能真正理解其義，或者只是一知半解，似懂而非懂。既然要釋義，要出書，留到後代，就得詳說細解，不能只是依文解義，含略而過，或稍有掩藏。

　　「往復須有摺疊，進退須有轉換」，乍看好像是一種文章的對稱辭句，古人寫文章，做詩對詞，都是喜歡上下互對的，這樣頌起來文雅而順口，增添詩詞之華麗。

然而，行功心解如是譴詞用字，並非著墨於文句的互稱華麗，而實說明了兩件功法，一是「摺疊」，二是「轉換」。「摺疊」已有專篇論述，不再重複，今天的主題，是討論「轉換」。

「轉換」，就是轉化變換「虛實」。「虛實」，包含步法的虛實，身法的虛實，手法的虛實，及氣的虛實等等。

拳論云：「虛實宜分清楚，一處有一處虛實，處處總此一虛實。」虛實貴在變化，不是刻意而固執的把步法分的清清楚楚，如果只固執的講求打拳架時，把步法分的清清楚楚，而在用時，卻不知不懂得變化虛實，終究還是挨打的架子，練的終究還是死功夫。「一處有一處虛實」，是說全身每一個地方，都要有虛實變化，所以，要「處處總此一虛實」，處處都要有虛實變化，運用之妙，全在這個虛實的變化。

在推手或實戰時，前進、後退，左（騰）顧、右（閃）盼，皆須靠步法、腿法的疾速轉換虛實；即使在定步（中定）不動時，亦能將支持身體重心的下盤之腳根的虛實，靈活轉換，要化、要接、要打，打而必得，發而必中，在在都是依靠虛實的神變轉換。

步法的轉換之疾速，是有前提條件的，必須有堅固的樁功做基礎，若樁功不成就，不能運使「暗勁」打樁入地，那麼在前進、後退，左騰、右閃時，定然造成身體重心的虛浮飄渺，即使動作再快，也是虛快，起不了變換虛實的作用，還是挨打的架子。

　　步法的轉換，不是侷限於前進後退之間而已，還有，擺扣、遊走、穿梭，以及後腳蹬、雙腳打樁蹬，前腳後撑、雙腳後撑打樁等等。

　　腰身的轉變虛實，得由下盤的腳根來觸發引動，雖說「主宰於腰」或「腰為主宰」，但腰的主宰原動力，是來至於腳，腳才是根本，所以才會說「其根在腳，發於腿，主宰於腰」。會運使「腰抖勁」的人，會「震身功」的人，會「蒼龍抖甲」的人，一定是樁功成就的人，一定是會打暗樁的人，一定是入地生根的人，這些成就者，一定知道我在說甚麼。

　　手法的轉變虛實，同樣是由下盤的腳根來觸發引動，還是那句老話：「由腳而腿而腰，形於手。」重點在於「總須完整一氣」，也就是整勁的意思。

　　手法的轉變虛實，也是有前提條件的，必須有「掤勁」做基礎，手一提一舉，似鬆非鬆，似直非直；曲中有直，直中含曲，曲蓄而有餘，將展未展，藏而不露，藏而含蘊；鬆柔中有極堅剛，鬆而不懈，棉裡藏剛，剛而不拙。

　　手的虛實轉換，靠的是觸覺，憑的是「聽勁」，以神靈還虛的「懂勁」功夫，不需透過意識的傳遞之一種自然反射動作。

　　「氣」的轉變虛實，這是比較深層的虛實轉換。其實，所有的虛實變化，都是以「氣」來掌控的，若無「氣」做基礎，就無法引氣下沉至腳跟，入地打樁，快速轉換虛實，以及做發勁的動作。而「氣」的儲藏所，就是

丹田氣海，就是腰間，也就是十三勢歌所謂的「刻刻留心在腰間」的腰間，也是之所以要說「主宰於腰」的原因。

十三勢歌云：「轉變虛實須留意，氣遍身軀不少滯。」已然很清楚的交代，虛實的轉換，最重要、最要小心留意的就是「氣遍身軀不少滯」，也就是要將氣傳達到遍布到全身而不呆滯的靈活轉換虛實，也唯有這樣，才能達到「屈伸開合聽自由」的靈敏懂勁之境地。「氣」的虛實變化，在接勁、化勁時，只是被打的地方一鬆一沉而已，不是全身歪七扭八的去走化，不需手去招架格檔，只是「氣」的一個鬆沉，即可化去來力，這才是真正懂得變化虛實之人，才是懂勁之人。

發勁打人，也是「氣」的作用，手只是傳達的工具、只是被借用的工具；在發勁時，腰間丹田一凝一聚，將「氣」同時同步疾速引至腳底湧泉，借地打樁之反彈勁，由腿而脊而手，完整一氣，快速引爆，是迅雷不及掩耳的。

綜上而言，「進退須有轉換」，是含蓋著腳、腿、腰身、手、及氣等五大要素的虛實變化，與拳論所謂的「其根在腳」、「發於腿」、「主宰於腰」、「形於手」、「完整一氣」是遙遙相對、相呼應、相托稱的，是環環相扣，互為貫串的。

此外，進退的轉換，也含蘊著招法、招式的變化。譬如，我按對方，被化去，即轉換為擠或靠，貼身打入；或我被對方雙按，走化承接後，即以採或捋應之，這是招式、招法的虛實轉換。

　　總之，拳法無定法，拳法的運用有如兵法，運用之妙，存乎一心，沒有固定的招式，沒有固定的勢法，在詭譎的戰鬥中，是瞬息萬變的，在進退之中，如何去掌控轉換虛實，轉換招勢，如何拿捏、取捨、變化，都需透過實際的體驗之後，才能領會，絕不是聽聽、看看、多聞而可以致之。當你心領神會，融會貫通之後，說出來的拳論、拳理，就會有實質的內涵、份量，讀起來，不會讓人感覺空洞無物，抄來抄去都只是人云亦云的翻版模式，沒有自己的東西。

　　寫拳論，定然要有自己的體驗證悟後，才能融會貫通，知道拳經、拳論在說甚麼，寫出來才會擲地有聲。要釋義經論，經論裡的每一句都可以寫一篇專文；要釋義，就必須闡釋論述得詳細深入，如果一言帶過，依文解義略過，那是「翻譯」，將文言翻為白話而已，不能稱為「釋義」。如果釋義不明，或釋義錯誤，反而遭到後輩晚生拈提，枉費一世英名，值得謹慎。

第十八章　極柔軟，然後極堅剛。

第一節　柔軟是太極拳的特色

一般武術，都是講求用力的，都是要練力的，只有太極拳反行其道，主張「用意不用力」，甚至強調「用力非太極」。用力，大致都是用於手，而太極拳卻主張「用手非太極」，主張手只是被動、被牽引的工具。

所有的太極拳，無論何派何式，都是以鬆柔為主的，有些門派則有剛烈的發勁打法，個人以為，這種剛烈的發勁打法，是內勁已經成就的人比較適合演練，若是初學者或內勁尚未成就的人，練這種剛烈的發勁打法，只會練成拙力，內勁永遠生不出來。

太極拳為何要以鬆柔而練之呢？

因為只有柔軟鬆淨，加上太極特有行功運氣方法，才能使氣血暢行無阻，也唯有柔軟鬆淨才能使氣沉著而收斂入骨，匯聚而成內勁，內勁成就後，就是運勁的練習，「運勁如抽絲」、「運勁如百煉鋼」，終而，能極堅剛，能無堅不摧。

第二節　專氣致柔與頑鬆

老子說：「專氣致柔，能嬰兒乎。」嬰兒剛出生，筋骨柔軟，氣旺血足，是一個純陽之體，但是隨著年齡的增長，以及對世間六塵的貪著，使精氣神逐漸枯竭，到老則百病叢生，而至命終。所以，想延年益壽，保命安康，只有從「專氣致柔」著手。

歐美人士，以為鍛鍊身體，就是去練肌肉的健美，肌力、耐力的強度，所以他們常去的地方就是健身房，常做的運動都是屬於比較激烈的，譬如，跑步、舉重，重力練習等等，練武術也是著重在打沙包、擊破以及極限耐力與速度訓練。

殊不知，這些運動訓練，都是增加心肺及肌骨之負擔與加速老化而已。所以，還是炎黃子孫有智慧，知道「練炁」，知道「氣」在人體的功能與重要性，更知道「專氣致柔，能嬰兒乎。」的返老還童健身保命的道理。

太極拳是以練氣為主軸的武術，不只能達到健康的目的，還兼具武術大乘功夫的成就。但是現在的人，有智慧者少，崇洋者多，所以說起武術，無非都是比力氣，比速度，他們永遠無法體會太極拳論所說的：「斯技旁門甚多，雖勢有區別，概不外乎壯欺弱，慢讓快耳。有力打無力，手慢讓手快，是皆先天自然之能，非關學力而有為也。四兩撥千斤，顯非力勝；耄耋能禦眾之形，快何能焉！」的深奧精湛道理。

　　所謂「專氣」就是將體內之「氣」專一、集中起來，專集統攝起來。氣的「專集統一」，靠的是神的內斂，眼神、精神，都須往內心收攝，往內心深處斂聚，向內審視、觀看，專心的用自己的神意，將氣統一、沉守，不要讓氣散漫、失離，將氣專集守住，守在丹田，沉斂匯聚於丹田，這就是所謂的「氣守丹田」、「氣沉丹田」。

　　為什麼要「氣守丹田」呢？因為「氣」這個東西，如果沒有把它看顧好，守著它，善待它，它就會散亂、漫失，而且，我們活在這個欲界的凡夫，都是貪慾的，都是貪愛六塵的，五慾六塵，財色名食睡，色聲香味觸法，無一不貪；有貪就有瞋與癡，「貪、瞋、癡」三毒，使人為非作歹，也使人身中寶貝的「氣」，日愈耗損；有心機的人，攻於心計的人，整天想害人，嫉妒人，見不得人家好的人，體內的氣都是散亂不平的，所以這些人比較不會長命，也會疾病叢生。

　　如何「氣守丹田」、「氣沉丹田」？「丹田」是貯藏「氣」的地方，所以又稱為「氣海」，如大海一般，能容納百川之水而不溢滿；丹田之氣充實飽滿，不會有「啤酒肚」，不會因為氣的實滿而挺出大腹。

　　丹田像一個「氣囊」，如果氣不沉聚於丹田，那麼，這個囊就癟扁而不開拓；丹田之氣愈飽滿充實，這個氣囊就愈碩壯而堅厚，是可以抗打擊的，所以，也不必刻意去練那些諸如「金鐘罩」、「鐵衫布」的「斯技旁門」功夫。

　　「專氣」就是將寶貝的氣，與自己的心相守於丹田，

心息相依，不即不離，好像照顧一個小孩，時時刻刻，眼不相離，只怕一剎那沒有顧及，小孩就會跑失、丟掉一般。又像母雞孵蛋，寸步不離，使蛋的溫度不失，才能孵出小雞一般。

「專氣」為何能「致柔」呢？因為氣能驅血而運而動，血是熱的，所以才會有「熱血沸騰」之語；氣當然也是熱的，不熱就是失溫，人有體溫，因為有氣血的關係。太極十三式歌云：「腹內鬆淨氣騰然」，這邊所稱的腹內，雖是概指丹田，而實含蓋了全身內外的「鬆淨」，只是以「腹內丹田」為代表而已。

腹內鬆淨了，丹田之氣自然會「騰然」，會熱騰起來；氣，熱騰了，就會滲入骨髓筋膜之內，使骨髓充實，筋膜富有彈性，也能使筋骨達到柔韌的效果，這就是道家老子所謂的「專氣致柔」的道理，能專氣致柔，就能返老還童，像嬰兒一般。

精氣騰然後，滲入沉斂匯聚於骨骼之中，使骨骼充實，骨密度充實，不會有骨質疏鬆症，不會跌倒就骨折。而且，氣斂入筋骨，日積月累，累積成太極拳之「內勁」，在技擊運用上，才有真正的「爆發力」之實質內涵。西洋拳把「爆發力」解釋為肌力與速度的聯結，這與太極拳之內勁所引生的「爆發力」，是截然不同的東西，是不可同日而語的，是天差地別的。

練太極拳，大家都知道要「鬆」，但鬆的真義為何？知之者甚渺，以為鬆就是頑空不用力而已，以為鬆就是軟趴趴的不著力而已，如果真那麼簡單，那麼，成就太極拳

功夫的一定如過江之鯽，多如牛毛了，但是事實並非如此，真能成就太極功夫的，實在是鳳毛麟角，少到可憐。因為他們都誤會了「鬆」，無法體會鬆的真義，他們都疏忽了「專氣」兩個字，沒有「專氣」是不能「致柔」的；沒有「專氣」的鬆，是空中閣樓，是懈漫無物的。沒有「專氣」的鬆，是一種「頑鬆」，是不切實際的懈怠，不是真正的鬆。「頑鬆」的太極拳，只是體操運動而已，不能「致柔」，無法練出太極內勁，不能成就太極拳的功體，只是白忙一場，到老一場空而已，更遑論太極之發勁等上乘功夫了。

「柔」含蓋「Q」與「韌」，以及彈性等靈魂生命力。柔，像水，能載舟也能覆舟，水的柔，像溫雅含羞的少女，水的剛猛，如海嘯，能毀天滅地。

「頑鬆」，是軟趴無力的，是空洞沒有氣機與生機的，因為缺乏「專氣」的內涵。「頑鬆」，不是真鬆，「頑鬆」，不是太極拳，只是膚淺的體操運動，稱不上拳術的。「頑鬆」，不能成就太極內勁功夫，只是凡夫俗子的花拳繡腿。「專氣」才能「致柔」，才能至柔至順至鬆，才能「氣騰然」，才能「收斂入骨」，才有內勁的匯聚成就。

「頑鬆」，就是耽擱於空洞虛無的海市蜃樓之中，玩味沉溺於輕鬆飄忽的感覺，在佛門的錯誤修行中，謂之「頑空」，誤認一切法都是空的，都是緣起性空，只要緣滅了，一切歸於空無，成為一種「斷滅空」，所以生活就沒有一個目標，因為到終了，一切都會斷滅，所以就有消

極遁世的思想產生。

　　在修行領域中，很多人喜歡打坐，喜歡打坐中那種靜定空幻虛無的感覺，因為那是一種極度放鬆的覺受，所以一坐就不想起來，而且在靜坐之中，不喜歡有人打擾，不想聽到吵聲、雜音、噪音，聽到噪音就會起煩惱，不覺的生起悶氣。

　　禪宗有一則公案，一個修行人在打坐，禪師問曰：「做什麼？」

　　回曰：「成佛。」

　　禪師拿起磚頭不停的磨，修行人問曰：「做什麼？」

　　禪師回曰：「做鏡子。」

　　修行人說：「磨磚哪能成鏡？」

　　禪師曰：「枯坐哪能成佛？」

　　這則公案給了我們很大的啟示，修行不能沉耽於「頑空」之中，如果誤認「一切法空」，那，修行是在修什麼？一切法「緣起性空」，緣起緣滅，但有「緣」必有「因」，如果有「緣」而無「因」，那麼，緣滅後，一切都斷滅了，那修行的目的是什麼？總還有一個「不生不滅」的實相心本際存在，修行就是透過參禪去找到那個「不生不滅」的實相心，把那個實相心所含藏的染污種子淨化，才能次第昇進，終究成佛。

　　若是成天打坐，耽溺於虛無縹緲的「頑空」之中，永遠也找不到自己的本心，修行就變成沒有目標，沒有意義的天馬行空。

　　練太極拳也是一樣，如果只知鬆，而不知鬆中還要

「專氣」去「致柔」，就會落入「頑鬆」之中，永遠無法成就太極拳的功體，永遠無法練就「內勁」，打拳也將變成無意義的鬼畫符，比手畫腳，裝模作樣而已。

太極經論及行功心解，都是以「氣」、「勁」為主軸，擴充延伸的在論述，祖師前輩們處心積慮的諄諄教誨，期望能一代一代有所傳承接續，然而，太極拳推展至今日，是一代不如一代，那些盲從附會趕流行的太極拳門外漢，倒戈式的一再否認「氣與勁」的存在，一再質疑太極拳是否需與氣「牽扯」在一起，如果是太極拳初學者，猶情有可原，偏偏那些已經學練太極多年，而且已然成為太極拳教練的推廣者，卻固執的否定氣的存在，並頑劣的主張太極拳不必練氣，這實在是太極拳之悲哀事，實在是太極拳推展中的最大阻力，也是太極拳武術無法昇進的原罪者。

第三節　柔軟與堅剛

太極拳的柔軟，主要目的是讓精神放鬆，讓肢體中的骨骼、肌肉、筋脈、神經等，能夠鬆和，使氣血的循環順暢無阻，然後才能做行功運氣的修練。

太極拳，外表看起來是大鬆大軟，但是內裏卻是暗潮洶湧的，是催筋轉骨的，內涵是非常精緻細密的，絕對不是空無一物的頑鬆與頑空。

太極在鬆柔之中，有氣的吞吐，有氣的蓄蘊，有氣的鼓盪，有氣的摺疊，有氣的虛實轉換，有阻力的拔河牽

扯，有根盤的入地暗樁，有全身二爭力之互動，形成一副精采絕倫的美妙畫面。所以，在「極柔軟」當中，要有這些內涵，不是空無一物的頑鬆，如果沒有內裡的氣與勁的運為，無法成就「極堅剛」的太極內勁。

下一節要說到堅剛的內勁與阻力的關係，練拳如果沒有阻力的存在，沒有練出阻力的感覺，就是沒有把氣運出來，沒有得到「運勁」的效果，就無法達到「百煉鋼」的階段，也無法成就「極堅剛」的太極內勁。

第四節　太極內勁與阻力的關係

在水中划船，槳撥動水時，會產生一股阻力，因阻力的關係，船才能動，或前進，或後退，或左右擺動，或順逆旋轉。

打拳如陸地行舟，在地面上，要把空氣當做水，自己要去營造出強烈的阻力。若沒有這股阻力顯示出來，打拳就成為空中樓閣，虛無飄渺，空無一物，白忙一場，只能說是運動運動，活動一下筋骨而已，不能聚成內勁，不是真正的打拳。

打針，推動針管，要緩緩慢慢的，因為有阻力的關係。打拳要像推針管一樣，緩緩的，慢慢的，好像有人阻著你，讓你使出的力受到阻礙。

因阻力的緣故，令空氣壓縮你的身體肌膚、皮表、筋脈，直至與體內的氣相互壓縮鼓盪，使氣產生摩盪、激盪，而生機勃勃，這叫作氣宜鼓盪，這叫作內外相合，這

叫作完整一氣，這叫作連綿貫串。

那麼，要如何去營造這股阻力？

如果只用雙手在那邊空揮，任你使出多少蠻力，都不會有阻力的感覺，只有慢而鬆而沉，氣才能被緩緩綿延的被帶動起來。

手的動作，需由腳來支使，由腳根來帶動。腳掌需貼地，以暗勁輕抓地面，運用二爭力，前後撐蹬，或左右撐蹬，或迴旋撐蹬。只能用暗勁去撐蹬，若使拙力則空費力氣。

如果沒有成就少分的樁功，下盤樁基，不能入地，使出的便成為蠻拙之力，因為缺乏氣的沉著，無法落地有根，也無法使出暗樁的二爭力，如此就無法自己製造以二爭力所營造出來的阻力。所以從這裡而言，樁功就變得很重要，不修練站樁，腳盤無根，無法使出暗勁二爭力，也就不能營造出阻力，更無法成就內勁。

在打拳行功時，譬如向前的動作，後腳向前暗勁蹬出，前腳暗勁微微撐住，上半身是被動牽拖而出，氣寓於下，令身體向前摧動，阻力就出來了，行氣越慢，動作越慢，阻力就越強烈，就會牽動體內的氣血，壓縮奮張，激盪氣血生機勃勃，鼓盪而騰然，而收斂入骨，久而匯聚成內勁。向前如此，向後、左右亦然，凡此皆是意。

後腳向前蹬時，由於前腳的暗撐，身體欲向前時，反而有被前面的空氣壓阻的感覺身體會微微向後挫，手臂至鬆至柔時，肩膀向後圓弧摺疊而出，手的阻力更形強烈，會有脹麻沉墜深重的感覺。

　　阻力是靠行氣而得，非依蠻力而致，得靠丹田的氣去運為、輸送，由內而外，才能營造出來。

　　打拳全憑感覺，感覺到了，你才能學到，學到以後，就得下功夫去儲蓄功力，內勁是靠長期累積而成，沒有速成班，沒有不勞而獲。

　　這個感覺，要靠自己去悟。而悟是靠練習而得，沒有練習，就沒有體會，就沒有感覺，如果只想憑空想像，胡亂思維，到老還是一場空。

第十九章　能呼吸，然後能靈活。

第一節　呼吸與練拳

呼吸一法，在內家拳練習當中，佔有極為重要的地位，是每一位老師與學生均不可忽視的課題。

有些老師如果問他：「練拳如何呼吸？」他會回答說：「自然呼吸就好。」問題是，如果自然呼吸就好，那麼就不用練習吐納，不用練氣，也不用「以心行氣」來練內功了，如此，氣如何沉著、收斂？內勁焉得生長？內功之「體」如何成就？

如果自然呼吸就好，那麼就不用勤苦練習太極拳了，怎麼說？因為每一個人都會自然呼吸，嬰兒一出生就會自然呼吸，甚至在母親體內已經會自然呼吸，不用人教，不會呼吸則不能生存矣。

行功心解云：「極柔軟，然後極堅剛。能呼吸，然後能靈活。氣以直養而無害，勁以曲蓄而有餘。」這是練習太極拳的方法，意思是說：練拳一定要非常的鬆柔，不能存有絲毫拙力，如此才能練就極堅剛的內勁。懂得呼吸吐納的丹田運氣方法，在推手或散打時，才能運氣發勁靈活無滯。所以說氣以直養而無害，氣，就是呼吸吐吶，運而

養之，一直長養它，只有利而無害，久則能蓄積內勁；勁是藉由呼吸吐納運氣導引而斂入骨髓、筋脈，它是活動活潑的，而且是可以蓄積儲存的，故謂曲蓄而有餘，隨時可以蓄而備用，永無窮盡。如果練拳不必學會呼吸，行功心解就不會在此特別強調「能呼吸，然後能靈活」，智者思之明矣！

　　行功心解又云：「以心行氣，務令沈著，乃能收斂入骨；以氣運身，務令順遂，乃能便利從心。」意思是說：用我們的心意來行氣，導引運功。所謂行氣就是要學會如何呼吸吐納，不是自然呼吸就可以行氣。行氣呼吸的時候，必定要沈著，沈著須透過鬆柔的練習，才能使氣沉斂而入於骨髓，產生極堅剛的內勁。以氣來運達於內身，呼吸運行之時，一定要順暢舒遂，在運氣發勁時，才能夠知己知彼，得機得勢，隨心所欲。

　　在此，行功心解特別強調「以心行氣、以氣運身」要以心行氣、以氣運身，不是呼吸又是如何？但它不只是自然呼吸而已，裏面有運有為，有意念與心行。

　　經過這樣的說明，就能夠明白呼吸的重要。所以練太極拳，首先就是要學會呼吸。那麼要如何呼吸呢？

　　呼吸就是吐納，吐舊納新。將外面新鮮的空氣，經由鼻腔吸入體內，再將體內之廢氣毒素排出體外。但是，如果只用平常之自然呼吸，效用是極微的，所以必定要透過學習太極拳的呼吸，始能得益。

　　一般的運動，純是肢體之活動，不能運動到體內的五臟六腑；而太極拳的呼吸、吐納運氣，是著重在五臟六腑

的運動，藉由吐納導引，驅使橫隔膜上下鼓盪，使內臟得到活動與溫養，達到健康長壽的目的。

一般的呼吸都在肺部胸腔，內家拳的呼吸在下腹丹田處。胎兒在母體藉由臍帶呼吸，出生至三歲左右，呼吸也都在下腹丹田處，及長，呼吸慢慢轉上，這都是由於眾生對五慾六塵的貪著，對財色名食睡及色聲香味觸法的執取，導致體內真氣混濁，氣濁則升，氣清則沉。當濁氣升到喉間，一口氣不來，生命就結束了。

諸位可以去觀察一些年邁氣息微弱的老者，他們講話總是支支吾吾，聲音結滯在喉中，氣短而喘，這是油燈將盡，生命氣息奄奄。所以想健康長壽，就要作返工的工程，將氣再練回原來的丹田處，此即謂「返璞歸真」。

丹田，又稱氣海，是凝聚真氣的地方，因為可以無窮盡聚存真氣，像大海能納百川，永不會溢滿，所以才會說「氣以直養而無害」，永不溢損故。

呼吸要，深、長、細、慢、勻。吸氣之時，要深及下腹丹田處，氣要拉長，要很微細，而且要很慢而均勻舒遂，不可急促氣喘或憋氣。吐氣時，宜將廢氣緩緩吐盡，如果吐之不盡，將會殘留在體內，形成毒素。

呼吸調息有四相：

一、**風相**：呼吸時鼻中氣息出入感覺有風聲，這是呼吸之病。

二、**喘相**：呼吸雖無聲，但氣息出入，結滯不暢順。

三、**氣相**：呼吸雖無聲亦不結滯，但出入不細。

四、**息相**：呼吸無聲、不結滯、不粗，出入細細綿

綿，似有似無，若存若亡，神氣安穩。

　　前三相，是不會呼吸，不懂得呼吸，乃自然呼吸者之通病。第四相是正確的呼吸。所以呼吸是有學問的，想練就好功夫，先得練會呼吸，否則將會落到「練拳不練功，到老一場空」的窘境。

　　太極拳之呼吸，是逆呼吸。吸氣時，把下腹微微內縮，將丹田之氣，引至兩腎背脊之間，謂之「氣貼背」。此時橫隔膜往上升，鼓盪了內臟。吐氣時，將廢氣慢慢吐出，此時雖是吐氣，而體內之真氣會往下沉，要練習至氣沉入丹田，在這同時，因氣之下沉而令橫隔膜往下壓縮，也鼓盪了內臟，這就叫「內臟運動」，內臟透過這樣的鼓盪作用，氣血即能暢通而活絡，生機蓬勃，使人神清氣爽，健康而有活力。

　　氣是可以凝聚儲存的，每日持續不斷的練習吐納導引，以心行氣，以氣運身，意守丹田，氣就越來越飽滿。氣飽滿了，心能清淨了，慾念能淡薄了，當你的心真正的能夠安靜下來時，透過站樁、練拳，氣就會開始騰然起來，當然時間要夠，不可低於一小時，練拳如果隨便弄個幾下就停歇，那是沒有作用的，就像燒開水，還沒燒開就熄火一樣，不能當茶飲。

　　你把氣練騰然了，才能將氣滲透斂入骨髓，形成極堅剛之內勁，這樣太極拳的「體」才算成就。

　　太極拳為何要行逆呼吸？

　　逆呼吸法，能夠吸進大量的新鮮空氣。胸式呼吸，在吸氣時無法完全膨脹肺葉，吐氣時也無法將廢氣完全排

出。所以腹部呼吸是比較好的呼吸。也是人在嬰兒時採用的呼吸。

道家氣功必須以逆轉的方式運氣，稱做逆轉河車，逆行小周天，這不在練拳的範圍，故不予詳敘。

太極拳在發勁時，必須將氣凝聚下沉至丹田，此時一定得吐氣，始能將氣引入下沉丹田，所以太極拳之呼吸務必以逆呼吸運行。

練拳行呼吸，原則為：開為吸，合為呼；提起為吸，放下為呼；蓄勁為吸，發勁為呼；如果某個動作過長，中間可以加一個小呼吸，以資潤飾接續，順利完成呼吸。

運功呼吸行氣，宜在空氣新鮮處，清涼處，安靜處，光明處；不宜在空氣混濁處，酷熱悶納處，喧鬧處，穢暗處。不宜在醫院、工廠、墓地、屠宰場等地練習。

練拳運功，必須心地純正，沒有心機，不胡思打妄想，始得成就。

呼吸是生命的泉源，呼吸是練拳的資糧。每個活人都會呼吸，但不一定懂得呼吸；懂得呼吸， 生命才得以長壽，功夫才得以成就。

第二節　為何能呼吸，就能靈活？

呼吸跟靈活究竟有何關係？這是太極拳初學者普遍的疑問。

不知者都會認為，呼吸，只是鼻間的出入息，跟動作的靈活怎麼會有關連呢？

　　如果是一般人之純粹呼吸，當然與「靈活」是無涉的，呼吸是鼻子的事，靈活是手腳的事，似乎是不會連結在一起的。

　　行功心解，是寫給功夫成就者看的，你有練到那個水準，那個境地，自然知道它在說什麼。

　　「能呼吸，然後能靈活」。前面那個「能」字，是指「會呼吸」、「懂得呼吸」的意思，後面的「能」字，才是能夠、可以的意思，整句的意思是說，你懂得呼吸的道理後，才能夠有靈活的動作表現。

　　呼吸，大家都會，睡覺也能呼吸，昏迷也能呼吸，不能呼吸時就一命嗚呼了，所以行功心解所謂的「呼吸」，不是一般生理上的呼吸，而「行功」時的呼吸。

　　那麼，何謂「行功」？行功與一般的氣功相同嗎？答案是否定的，因為一般的氣功，只能健身，不能因「行功」而練出「功夫」來。太極拳的「行功」內涵，全部在行功心解裡面，讀者要須在「老實練拳」中去認真會心體悟，而不是在文字間去鑽研琢磨，去鑽牛角尖，否則一輩子也轉不出來，被困在死胡同之中。

　　行功心解云：「以心行氣，務令沉著，乃能收斂入骨。」開宗明義，已然點出「行功」之重點。以心行氣，是以清淨無染之心，來行功運氣；若心不清淨，成天想東想西，妄想一夕成名，不老實練拳，妄想快速成為武功高手，這樣，永遠沒有辦法以清淨心行氣；心不清淨，氣就染濁，氣染濁，則虛浮飄渺，無法沉著；氣不沉著，則不能收斂入骨，也就無法成就累積極堅剛的內勁。所以練

功，首重內心之清淨。

沉著，靠的是鬆柔，鬆柔而不著一絲拙力，氣才能通順無阻，然後透過運氣，使氣騰然，騰然後，氣就會沉斂而深入潛藏於骨骼之內，與骨髓凝結相融，日積月累後就形成一種沉勁，成為一種量能。

「極柔軟，然後極堅剛」。一般武術，總是否定這句話，也無從理會這句話的內涵，只有極少數練太極者，練形意、八卦內家拳者，稍能體會。「極柔軟」是不著一絲拙力，不是鬆懈、懶散、輕忽。

很多練太極者，把「極柔軟」誤解為鬆懈、鬆散，成天跟人講鬆、鬆、鬆，結果鬆了一輩子，到老還是一場空，沒有練出「極堅剛」的內勁，真是令人惋惜與扼腕，因為師父教錯了，自己體會錯了。

「極柔軟」是指在不著拙力之中，要須借著「呼吸」，借著「以心行氣」的行氣運功，將「氣」藉由鬆淨、吞吐、鼓盪、摺疊、轉換、蘊蓄等等訣要，令氣騰然，而轉化、匯聚沉積成為實質能量，也就是極堅剛的內勁。

內勁功體成就後，透過推手之沾連黏隨的聽勁練習，使肌膚、神經觸感產生靈敏反應作用，成為一種慣性作用，也就是所謂的「懂勁」階段，此後，就能愈練愈精，默識揣摩，漸至從心所欲。

到這個境界，你終能體會「能呼吸」的真正內涵。在體用並蓄之中，如何借由呼吸去運使內氣，去蘊蓄、吞吐、鼓盪、摺疊、轉換，使這個氣轉化成的能量活絡、爆發出來。這時，你才是真正會打太極拳的人，才堪稱為太

極拳的練家子。到這個地步，打起拳架，才有內容，才有
拳味，才有真餡實料，不是空洞的「鬆」，不是空無一物
的太極操，不是被人取笑的花拳繡腿。

　　推手實戰的條件，含蓋著下盤樁功的成就、掤勁的成
就、氣的凝聚飽滿成就，內勁的斂聚成就等等。這些成就
之肇始，在在皆需藉由呼吸的牽引、行運，始能致之。當
功體成就時，當聽勁、懂勁成就時，終能知曉為何「能呼
吸，然後能靈活。」之道理。

　　打拳，不外是外表肢體的活動以及內裡氣勁的「蓄」
與「放」，內外相合，連結貫串。所以，在蓄勁與發勁的
時候，雖然猶有鼻間的呼吸出入息，而實際大部分是內氣
的蘊蓄、吞吐、鼓盪、摺疊、轉換等等，此時鼻間的呼吸
出入息，只是被依借而已，只是被襯托而已，只是處於配
角的地位而已。

　　會運氣的拳家，能憑靠丹田之氣來蘊蓄、吞吐、鼓
盪、摺疊、轉換，能藉內呼吸行氣而蓄勁與發勁。

　　氣與勁，是靠意念驅動的，所謂意到、氣到、勁到是
也。意的牽引，是疾速的，是迅雷不及掩耳的。所以，真
正會「呼吸」的練家子，真正會運氣的拳家，無論收放，
皆能由意念牽引，由意念牽動呼吸，導引內在的氣勁同時
蓄積或引爆，這就是「從心所欲」。

　　到「從心所欲」的境地，就是「靈活」的境地。這就
是「能呼吸，然後能靈活。」的真義。

　　說到「靈活」，就會牽涉到虛實的變化。虛實的變
化，不侷限於腳的比重虛實，因為「一處有一處之虛

實」，因為「處處總此一虛實」，這不是繞口令，裡頭蘊藏很多道理。虛實，有腳的虛實，腰身的虛實，手的虛實等等，最重要的是氣的虛實；氣的轉換，可以變化虛實，譬如，對方按我，我氣一鬆一沉轉虛，走化來力，譬如，對方一拳打過來，我不走不化，而是氣一凝一聚轉實，把來力淹蓋過去奔放而出，這是氣的虛實變化；氣能隨心所欲的變化，則謂之「靈活」；氣的變化，依藉的是丹田的蘊蓄、吞吐、鼓盪、摺疊、轉換，而丹田的所有運作，是離不開呼吸的配合，內外不能分開。

所以，「能呼吸」，就是懂得練拳練功的方法，知道如何呼吸，如何運氣，如何蓄勁，如何放勁，這些都能「從心所欲」了，始得謂之「能呼吸」，否則都還是不會呼吸；不會呼吸，就不能靈活，不能轉變虛實，成為一個道道地地的「挨打的架子」。

能呼吸，在打拳時，外表是平常的呼吸，身體裡面的呼吸運為卻是多采多姿，千變萬化的，節奏是快慢相間，抑揚頓挫的，有時如行雲流水，有時似萬馬奔騰，有時是風平浪靜，有時則暗潮洶湧，有時是驚濤駭浪，石破天驚，有時是漣漪微微，餘波盪漾，有時靜如赤子，有時動如脫兔。呼吸有長有短，有快有慢，有深有淺，有大呼吸有小呼吸，有順呼吸有逆呼吸，有摺疊的呼吸，有蘊藉能量的呼吸，有蓄放的吞吐轉折，配合著腰胯肢體的連動，構成一副精采絕倫，賦有生命靈氣的武術動畫。

太極拳的呼吸，雖然要求細長慢勻等等，但絕不是死氣沈沈的，絕不是呆滯平淡的，絕不是一成不變的。太極

拳，不是一幅平版畫，而是一幅充滿生命朝氣的動畫，隨著時間與空間的變換轉移，而有不同的生命呈現。

　　一呼一吸，一吞一吐，一蓄一放，一虛一實，一陰一陽，一柔一剛，一鬆一凝等等，都是「氣」的神妙轉換變化，轉換不靈則滯，轉換得靈則活；手腳肢體的虛實變化，有時間與空間的條件，有「雙重」的問題，也會侷限於「一處有一處之虛實」的框框裡，是屬於有形的；氣，是內在的暗勁，暗藏在內，看不見，屬於無形的；有形的肢體，需要肌肉、神經、骨骼等去牽動，時間空間都會受到礙阻，無形的內部之氣，乃由意念驅動，疾速而無礙，所以能靈活。

　　行功心解云：「行氣如九曲珠」、「運勁如百煉鋼」、「靜如山岳，動若江河」、「蓄勁如開弓，發勁如放箭」、「曲中求直，蓄而後發」、「往復須有摺疊，進退須有轉換」，這些都是在講呼吸運氣的，有了這些呼吸運氣的配合運為，才能完成「極柔軟，然後極堅剛」的功體，才能達到「能呼吸，然後能靈活。」的境界，才能藉由呼吸去掌握蓄勁與發勁的機勢，也唯有藉由呼吸而靈活的轉化虛實，達成「人不知我，我獨知人」的靈敏高深境界。

　　太極陰陽訣云：「太極陰陽少人修，吞吐開合問剛柔。正隅收放任君走，動靜變化何須愁。」陰陽就是虛實變化，吞吐開合就是呼吸、運氣；能呼吸運氣，即能變化虛實；能變化虛實，即得靈活；能靈活，即能「正隅收放任君走，動靜變化無須愁。」

第二十章　氣以直養而無害

第一節　氣在武術中的地位

「氣」，雖無形無色，但確實有其質量與能量。過去，科學儀器尚不能測出氣之形質，因此，外國人把中國武術或中醫所謂的氣，視為無稽，外國人也無法體會「氣」在武術及醫療上的作用及重要性，更無法把氣運用到武術中，因此，他們的武術造詣僅止於膚淺的外力及速度的表現，不能登峰造極。

如今，科技進步，儀器已能測出氣之形質，然而外國人還是無法領悟「氣」之妙用，所以說老外雖然科學發達，但是智慧是不及我們的。

氣，是一種體積小，威力大的東西，氣的作用是非常廣泛的。在物理上，氣為物體三態之一，與固體、液體不同；其分子極易流動，互相衝突，充塞於天地之間。

車子靠四枚有氣的輪胎可乘載千萬斤的重量，當氣消洩了，車子將動彈不得；蒸氣火車沒有蒸氣就開動不了，飛機沒有噴氣飛不上天；一顆原子彈就能滅掉一個城市，原子彈無非是氣之能量的組合；一切生物如果沒有氣將面臨死亡，沒有氣，宇宙萬物，山河大地，亦將壞滅。

人，依氣而生存，氣壯神足，即得健康長壽。武術家以氣壯而長功夫。

氣靠養，而足而壯。丹田氣海是儲存氣的地方，須儲存多量的氣，才能以致用，就如一個水庫，須儲存大量的水，才可以發電，道理是相同的。

如何養氣？令氣足而壯？

時時保持正念，去除貪、嗔、癡，少慾知足，安貧樂道，心中常清淨，沒有妄想執著，就能吸取天地正氣而養之。這是指心性方面的。

在體的方面，要時時刻刻，將氣沉守在丹田，用意念守著，用精神守著，使氣不放逸，不向外奔洩。

練功時，氣宜鼓盪，神宜內斂，以心行氣，以氣運身。以氣鼓盪橫隔膜，使之上下鼓動，使內臟得到運動與溫養，這就叫內壯法，也稱之為內臟運動法。

太極拳之呼吸，以腹式呼吸為原則；腹式呼吸以逆式呼吸為原則。逆式呼吸是吸氣時，丹田微縮，將氣引導至背脊，呼氣時，將氣向下引導至丹田，形成氣沉丹田。

太極拳在發勁時，氣凝聚於丹田，等同氣沉丹田，所以練武術，之所以要練逆式呼吸之道理，就在於此。

第二節　氣如何養？

氣，在武術中佔著極為重要的地位，練太極拳，如果缺少了氣的運為，那一定是一個太極拳的門外漢，只能說是練練體操而已。

　　每一個有情眾生都是靠氣而活命，沒有了氣，斷了氣，或嚥下最後一口氣，生命即告結束。武術家、練氣士、氣功師，都注重氣的調養，也唯有智者才會重視氣，外國人你跟他說氣，他只知道空氣，說到內氣或內勁，他就「莫宰樣」。練硬拳的人士比較崇尚外力，喜愛重力訓練，練肌力、肌耐力、爆發力，說到氣，有些能接受，有的則是嗤之以鼻，不肖與你談，或者與你爭論不休，沒完沒了，總是認為自己的才是正確的。

　　遇到這種情形，在辨正之後只得保持緘默，否則就變成一場永無休止的筆戰，一場永無結果的評論，因為不同的見解，不同的系統，不同的練法，永遠沒有殊途同歸，永遠不會有交集，也永遠沒有一個結果。

　　氣，我們的肉眼雖然看不見，但是可以感覺得出來，你手掌用力一揮，就會帶出一股風來，這是外在的空氣；外面的空氣，吸入我們體內就有生理機制產生，有物理變化。氣，可以活絡細胞，強化血液循環，增進新陳代謝。新陳代謝退化就是老化現象，也是氣機的退化現象，當氣息奄奄時，也是生命即將結束之時。

　　氣，可以透過意念的驅使，來導引它，來牽動它，來帶領它，來鼓盪它，使氣機活潑、活化、活絡而生生不息，使我們的生命力更強壯，讓我們更充滿自信，令生活更充滿無窮的希望與願景。

　　拳論常說到：「意到，氣到，勁到」，可見氣是可以導引、牽動、帶領、鼓盪的，氣是一種實質的量能，非是空無、空洞、虛幻的東西。

　　聚集氣的地方稱之為丹田，因為它是練丹的一塊田地，你只要好好的耕耘它、照顧它，這塊田地就會肥沃、茁壯、成長。丹田，又稱為氣海，像大海一般能容納百川而不溢損；氣，聚集再多，在丹田處會形成一個厚厚的氣囊，就像皮球一樣充滿著飽飽的氣，累積再多也不會有啤酒肚出現，只像一個小圓球，充滿彈性，充滿生機。

　　氣，是可以儲存的，是可以積蓄的，透過養氣，就可以儲存積蓄正氣。孟子曰：「吾善養吾浩然正氣。」又曰：「氣，以直養而無害。」前賢練過氣，養過氣，才有這些名言遺留下來，供我們後代的人作借鏡。氣，既然是一種實質的量能，既然不是空無、空洞、虛幻的東西，它就可以透過訓練而被儲存、積蓄，而被導引、牽動、帶領、鼓盪，這是合乎邏輯的，也是可能實證的，透過修練，透過修行，你就能漸漸能掌握氣機，將氣運行於我們的意念之中。

　　氣，是會浮動的，是會換散的，也是會消失的，你如果沒有好好的照顧它，沒有好好的守護它，它就會消散，不能凝聚，沒有了氣，生命的氣機就會退減而不能延年益壽；練武術，缺乏氣，徒有蠻力，也是一個空架子，不能培養出實質的內勁，在實際應用時，在實戰對打中，因為缺乏氣的關係，當蠻拙之力使盡時，就會氣喘噓噓，無法再有戰鬥力，最後只有挨打的份。

　　氣，是可以被守護的，是可以被照顧的，你只要好好的守護著它，它就不會亂跑，你只要好好的照顧著它，它就不會消散。太極拳諺云「意守丹田」，意思就是把氣守

157

在丹田之處，用意念，用心思，把氣守護在丹田。拳論云「氣沉丹田」，氣要如何沉至丹田，靠的就是一個「鬆」字，鬆了，氣自然會慢慢下沉，一用拙力，氣就虛浮。

練氣首要就是要鬆，鬆才能沉，沉了，才能凝聚，凝聚了以後，就是守著，不要讓它跑掉。氣，是靠意念來繫守，守著氣，照顧著氣，好像照顧一個小孩，不能讓小孩丟失，所以就得專心一意的，凝神安靜的，恭恭敬敬的，守護著它，把氣當作寶貝似的看顧，這樣它就會乖乖地安住在神殿丹田中，不即不離，永遠與你同在。

我們的心像猿猴，總是跳蕩不停，我們的意念像奔馳的馬，很難安歇，財色名食睡五慾總是讓我們的心靜不下來，為名為利，總是用盡心機，終而使我們的氣渾濁浮亂，越會用心計較的人，氣永遠不能凝聚，氣不停的虛耗，如果得到名利而不停的虛耗正氣，生命也不會長久，身體也不會健康，在得失之間，在細心的衡量之後，智者當會有所取捨。

用水發電，前提就是水庫必須儲備足夠的水量。武術，靠的就是氣壯神凝，凝聚了足夠的氣，你才能氣運周身，才能氣斂入骨，才能產生內勁，做為實戰的基本能量。

有一首流行歌叫「守著陽光守著你」，陽光如何守護？情人如何寶貝？守著情人是靠憶念，是用心去思惟，用心去想念，而至與情人的心互相感應，就稱之為心心相印，心心就會相通，因為想念、憶念的關係，兩人的心就會貼在一起，而有「心有靈犀一點通」之感應。

　　氣，是很寶貝的寶物，需要你用心去保護它，去照顧他，去滋養它，使它不會丟失，使它茁壯，使它生根，使它開花結果。氣，就是呼吸、吐吶，透過鼻腔吸入外在的空氣，在體內產生物理變化機制，以及精、血、神的巧妙運作，而產生內氣，再透過腹部呼吸、逆呼吸，加強心肺功能，以及意念的導引、驅使，就有氣的運為，又透過鬆柔的修練，使氣能沉著而斂入骨髓，形成極堅剛的內勁。

　　在行住坐臥當中，時時寶貝你的氣，刻刻守護著你的氣，令氣安住於神殿丹田之中，時時刻刻都要培養正氣，這樣，你練武才會有所成就，功不唐捐。

　　還有練氣、練武，最忌菸酒，有抽菸喝酒的人，如果想要功夫能有成就，戒掉菸酒是必要的。有一個典故說與大家參考，猴鶴雙拳武術家陳○○老師傅，年輕時，有一次打完拳時抽了一根菸，剛好一位老人家走過，順口說了一句話：「練武的人，不要抽菸。」話雖輕描淡寫，但是陳○○老師傅這位心直的人，聽了進去，即刻戒了菸，這是何等大丈夫的氣魄，當下決斷，毫無猶疑，如是性情中人，功夫的成就，不是沒有原因道理的。這是我們的借鏡，我們的榜樣，智者能取人所長，補己所短。

第三節　氣以直養而無害

　　氣以直養而無害，此語出至孟子公孫丑篇。

　　孟子曰：「我善養吾浩然之氣。其為氣也，至大至剛，以直養而無害，則塞于天地之閒。其為氣也，配義與

道；無是，餒也。」意思是說我善於培養我的浩然之氣，這個浩然之氣，最盛大，最剛強，靠正直去培養它而不傷害它，就會充塞天地之間。這一種正氣，要和義與道互相配合；沒有義與道配合，它就會萎縮。

　　太極拳是一種武術，以養氣為根本，以著熟為功夫，以入道為目標，不是一般武術所可比擬的。

　　太極拳，以心為主，以氣為從，以養為功。練太極拳不能不練氣，不練氣則不能致柔，不能致柔，則不能達成「極柔軟，然後極堅剛」的太極內勁功夫。練氣成就後，靠的是「養」，直養而無害。

　　孟子養氣的步驟有四：第一是養勇，第二是持志，第三是集義，第四是寡慾。

　　孟子認為養氣是要配合義與道的，無道與義，則不能善養浩然之正氣。所以平時做事，必須依理而行，合於道與義，自然能培養浩然之正氣，直養而無害。

　　修練太極拳，不止於練氣、運氣、蘊養內勁這些有為法，還得兼具修集道義與正氣這些無為法，才能使功夫更臻完善的上乘境界。

第二十一章　勁以曲蓄而有餘

　　氣經直養，凝聚，收斂，匯集成內勁，這個內勁是曲蓄而有餘的。曲蓄而有餘，意思是說內勁是有彈性的，可伸可縮，可蓄可放，在發勁放勁後，它還有儲備蓄存的動力，源源不絕，可以用之不盡，所以謂之曲蓄而有餘。勁的曲蓄有餘，是靠氣的直養累積而斂入，這都得靠練氣而成就。

　　勁，是氣的聚斂、累成，是一種量能，無形無色。勁，因為是無形的體，所以，它的曲蓄是藉由全身關節的曲伸、摺疊、打椿，這是外表有形的曲蓄；另外，它的曲蓄是藉由丹田之氣的彈性縮張、鼓盪，是藉由丹田的吸納與吞蘊所產生的張力與反彈，這是內裡無形的曲蓄。

　　椿，也有曲蓄。有形的曲蓄，必須藉由身、腰、胯、膝、踝等隻節的往復曲伸，這是低層次的椿之曲蓄，高手的椿之曲蓄，看不到身軀的微動，只是神一凝，氣一斂，已然蓄放完成。

　　外表的肘，曲蓄則力富，膝，曲蓄則彈力佳，腕，曲蓄則力貫掌心，腰胯，曲蓄則氣沉丹田而有蒼龍抖甲的彈速；內裡，筋的束結、擰裹，這是曲蓄，這是開弓；而後疾速的彈射而出，這是放箭，是筋的拉拔、撐開所呈現的張力，弓已在弦，蓄勢滿弓，成為必發之勢。筋的曲伸、

161

摺疊、拔撐、撐裹，是氣的暗助神力，是運勁之後的百煉成鋼，所以，剛中有柔勁，柔中有剛勁，剛柔並蓄，無堅不摧。

　　拙力，是呆滯而蠻硬的，力量發出去，就出去了，第一顆子彈射出去，必須再裝填第二顆子彈，才能再發射。太極拳的發勁是曲蓄而放的，是一個「回力球」，只一個球，去了又回，回了又去，往復無窮，靠的是氣的摺疊勁，靠的是丹田氣的曲蓄吞運彈抖。

　　丹田如大海可以蓄納百川之水而不溢滿，丹田之氣也是滿而不溢，故能有「蓄而有餘」之功，而且靠著蓄蘊、摺疊、曲伸，使得內勁更Q、更韌、更脆，如鞭之擊物，去而復返，來去無端。

第二十二章　心為令，氣為旗，腰為纛。

　　這一句是一種形容語。心，是君王的命令，將士是唯令是從；氣是行軍打戰時舉在仗陣最前面的旗幟，這掌旗的人是代表這支隊伍的，也是代表隊伍中的將帥，是隊伍中人心的歸依象徵，所以這個旗是不能倒下的，旗倒了，士氣就潰散了，戰也就會打敗的；纛，是軍營駐紮中的大旗，就如一個商品物件的標頭、商標，讓人一眼瞧見，就知道這是什麼東西，是什麼品牌。

　　行功心解說到「心」、「氣」、「腰」的地方，有很多的反覆論述，因為這是太極的核心，太極的主宰重點，如能掌握重點，則離太極功夫不遠矣！

　　心，是主人翁，如果主人翁不在宅舍，這個房屋就是沒有主人，沒人作主，變成只是一座空洞的宅體，這個屋舍就缺少了靈動之氣。

　　氣，是太極拳在行運中的動力，若缺少了這個氣，也將變成一個沒有靈魂的空殼子，演練起來，也像行屍走肉，殭屍跳舞而已，這不是太極拳。沒有氣的行運，聚不成內勁，沒有內勁則不能致用，太極拳將淪為體操式的健身運動，非武術之內涵。

　　腰，是氣行運的主宰；腰，是丹田氣的擰動，圓弧摺

疊，是牽動往來使氣貼背的樞紐主宰，沒有腰的牽動往來，氣難貼於背，難以斂入脊骨，發勁則不能「力由脊發」。

這一章的重點，在提示「心」、「氣」、「腰」三者的主從關係，不能喧賓奪主，要三者兼顧，不可偏失一方。

心、氣、腰，三者的交互關係，以心行氣，必須用到「心」，沒有心，意念就帶不上來，氣也導引不出來，以氣運身，須要腰來帶動，沒有腰的牽動往來，往復摺疊，氣難斂入脊骨。

第二十三章　先求開展，後求緊湊，乃可臻於縝密矣。

第一節　開　展

開展，是開闊展放，不只是身形的開展闊放，還有心、意的開展闊放，以及氣、勁的開展闊放。

身形的開展，筋要放長，要鬆開、拉開、撐開、擰開，使筋在曲伸摺疊之中，磨鍊出韌而Q的彈性，而能在往後的致用上，發勁能收放自如，隨心所欲。

心意的開展，是指心胸要豪邁開拓，要有大丈夫的氣概，要有堅強的意志力，堅苦卓絕，走長遠的路，堅定拳練一生的理念。心意如果結滯而不拓展，消極而躊等，練拳不會有成就。

氣勁的開展，行功運氣，氣宜深長慢勻，不可有喘相、風相、滯相，氣要細而順，息息歸於丹田。運勁要如抽絲，長而不斷，綿綿不絕。

開展大部份是指拳架而言，是指練體、練功架而言。練體練架子，先求開展，全身放鬆，手臂宜伸長，曲中有直，筋在微曲當中，要保持鬆開、拉開、撐開、擰開的狀態，使氣血通透，循環加速，氣感增強，將意念意識融入拳架動作之中。

開展要配合節奏的慢勻與協調，還有阻力的營造，才能把氣勁運使出來，若沒有把阻力營造出來，若沒有把氣勁運使出來，那麼，這個開展，也只是柔軟體操的拉筋運動而已，成就不了太極功夫。

開展，不止是身形的伸展而已，不僅是筋的拉長而已，還有全身筋、骨、膜、韌帶的擰轉、撐持、裹鑽、擠壓，因有這些錯綜複雜的內涵機制，而使得內裡的氣，在身體架構的牽動往來及往復摺疊當中，令氣斂入脊骨，斂入全身筋脈之中。

第二節　　緊　湊

緊湊，緊是緊促，湊是湊合。緊湊是節奏的律動加速與緊密，譬如，身體動作的加快與緊密，氣的流動加快與緊密，勁的發放加快與緊密。

緊湊是時間與空間的緊縮湊合，時間是「機」，空間是「勢」，機勢的緊密湊合，就是「得機得勢」，所以，得到機勢，恰用機勢，謂之「緊湊」。

緊湊大部分是指用法，譬如，發勁攻擊，接勁防衛，這二者，如果動作不緊湊，如果氣的鼓盪不緊湊，如果虛實的變化不緊湊，在攻與守之中，就無法發揮最佳效果。在拳架之中也有緊湊的所在，雖說打拳架以慢勻為主，如行雲流水一般，然而流水也有湍急的時候，行雲有時也有風起雲湧的時候，所以說拳法無定法，拳法不是一成不變的死法，在開展之中也有快速的開合、起落，與氣的疾行

轉摺，也因有虛實的臨時莫測變化，而有剎那的緊湊配合機制。所以，雖說「先求開展，後求緊湊」，這是指練拳的程序次第，等到功夫有成之時，開展與緊湊是相間的，是沒有分離與割捨的，二者能予善用配合，才是會運使太極拳的行家。

　　緊湊與出拳踢腳動作的快速是不同的，因為這種拳腳動作的快，只是時間加速度的結合而已，這種快是只要經過練習就可致之的，這種快是王宗岳老前輩所謂的「非關學力而有為」的功夫，是王宗岳老前輩所說的「斯技旁門」。在下一節當中，會將王宗岳老前輩所說的「非關學力而有為」及「斯技旁門」，作一專篇論述，這兩篇論述雖與本章的「開展與緊湊」沒有直接關聯，但卻有密切的關係，讀者閱讀之後，對於經論的理解與貫通，是有所助益的。

　　王宗岳老前輩說：「察四兩撥千斤之句，顯非力勝；觀耄耋能禦眾之形，快何能焉！」

　　四兩撥千斤這句話的意義，是以巧勁走化，化打合一而取勝，不是以蠻力取勝；我們看看那些七、八十歲的有功夫的太極拳老前輩們，他們能在年老體力薄弱的情況而能抵禦眾多的彪形大漢，都是因為練就了內勁及借力打力的懂勁技擊功夫，不是因為一般所謂的「快」而能致之的，因為年老了，那先天的快的動作是會減緩的，之所以能致勝的原因，完全在於聽勁、懂勁、走化、渾厚的內勁，以及氣勁的運使能夠緊湊的關係。

　　接下來我們先來探討「快何能焉」的真正意思。

第三節　快與緊湊之別

一般人對於拳術都有一種直接的概念，以為出拳快速，就是致勝的條件，只有王宗岳先生能說出「快何能焉」的超卓之語，他認為「快」，不是致勝的唯一原因，因為「快」只是拳先到達，但到達不一定是發中打中，在時間雖然爭取到「得機」點，但這拳的勁道到達時是會有所變化的，它有時會被消解，會被化掉，它有時在空間上會被反佔上風，也就是失勢，所以二者的拳同時到達時，是「得勢」的人取得先機，雖然在時間上他好像慢了一些，但在拳勁到位時，卻能「後發先到」的命中對手，使之奔跌出去，這是太極拳的奧妙之處，是一種難思難議的境界，是凡俗所無法理解的。

如果「快」是致勝的唯一原因，那麼王宗岳先生就不會說：「耄耋能禦眾之形，快何能焉」，因為七、八十歲的老者，全是憑藉四兩撥千斤，借力使力，連消帶打，化打合一，聽勁懂勁的高深功力，以及緊湊的功力才能「後發先到」，而不是以蠻力取勝，老人何來蠻力，力，是會隨著年齡的老化而退減，但內勁的成就是不容易退失的。

外形的「快」，並不是真正的功夫，是非關學力而有為的，凡夫也可以練就的，只要肯每天揮拳練習，就能達到快速的出拳，所以王宗岳先生才說：「有力打無力，手慢讓手快，是皆先天自然之能，非關學力而有為也。」他說手快有力是先天自然之事，沒有關係到應用心智去領悟

參學而對內勁及懂勁、化勁等功夫而有所成就的。

　　常聽人說：「天下武功，唯快不破。」意思是說不論什麼武功都有破著，只有快沒有人能破它，也就是說，只有「快」是沒有破招的，崇尚「快」是最好的招法。

　　這種說法也對，也不對。如果是距離加速度的快，就是王宗岳先生所說的：「快何能焉！」蠻力的「快」，遇到太極高手，還是有破，非「不破」，何以故？因為如上所說，在空間上，蠻力的「快」，會被消解，會被化勁所消，而且會被連消回打，而反處於敗勢。所以這邊說「唯快不破」不一定是對的。

　　能出手慢而快到位，能以靜制動，能「彼不動，己不動；彼微動，己先動」，這才是真正的「快」，才是真正名符其實「唯快不破」。

　　真正的「唯快」，是能意到氣隨，氣隨而勁發，意氣勁都能密合緊湊，連綿貫串，完整一氣，這個連貫而緊湊密合的整勁，才是真正的「唯快」。

第四節　非關學力而有為

　　王宗岳先生的太極拳論云：「斯技旁門甚多，雖勢有區別，概不外乎壯欺弱，慢讓快耳。有力打無力，手慢讓手快，是皆先天自然之能，非關學力而有為也。」

　　先來依文解義，翻成白話文。王宗岳老前輩說：那些旁門左道的搏技功夫非常的多，雖然他們拳架勢法各有差異區別，但大致上不外乎強壯的欺負弱小的，手腳動作慢

169

的輸給了動作快的。這些有力氣的打敗無力氣的，以及手
腳慢的輸給手腳快的，都是先天自然的可能之事，沒有關
係到因為致力去學習真正的武功而有所成就做為的啊。

　　學力而有為，有人依文解義而會錯意，誤會為「因
學習力量而有所成就做為」，真是「失之毫釐，差以千
里」，誤會大矣。文言文有時文法是前後倒置的，就像英
文的倒裝句。「學力」，不是學習力量；白話應該譯成
「力學」，也就是努力以赴，用功學習的意思。

　　「學力而有為」的意思，就是一門功夫，不是那麼簡
單就能成就的，它得費很長的時間去修練，去苦其心志，
勞其筋骨，運用智慧去悟，認真老實的去練、去參，還要
有堅忍不拔的毅力、精神、忍耐、安住，最後始克有成。

　　學力而有為的功夫，概指形意、八卦、太極等內家
拳，及練法等同於內家的練氣、練內勁的體系功夫。這些
功夫，非得十年、八年，不能成就，如果沒有宿慧及用心
苦練，莫說八年、十年，到了老年，仍就是凡夫一個。

　　太極拳為何難以成就，因為，氣與勁這些東西，很難
體會理解，而且須靠時間去慢慢累積功力，如果不能持之
以恆，沒有堅剛的恆心、忍力，是難以成就的。而且一般
凡夫總想求速成，想一夕成名，往往沒有耐性去磨鍊。

　　那麼，非關學力而有為的功夫有哪些？「斯技」旁門
左道很多，譬如：練蠻力，舉重、扶地挺身、及其他重力
練習，或打沙包、擊棍破磚等等，或練習跑步、交互蹲
跳、練肌力、耐力之屬。為何說這些功夫非關學力而有
為？因為這些根本不是功夫，任何凡夫俗子都學得來，並

無希奇可貴微妙之處，只要肯去硬幹蠻幹，任誰都可練得一身蠻力。所以王宗岳老前輩很早就認定這些旁門左道的「斯技」是非關學力而有為的，而且斯技甚多，不勝枚舉，是會令人眼花撩亂的。

如果不是學力而有為，那麼，瘦弱者、耄耋者，將要如何禦眾？如何自我防衛？如果不是學力而有為，瘦弱者、耄耋者就不用修練功夫了，遇到不平的事，只能任人欺凌宰割了。如果不是學力而有為，太極拳將無法永續留傳下去，大家只要練練力或依恃蠻力而欺人就好了，那麼，太極拳術很快就會失傳滅失。

還好，因為太極拳可以因學力而有為，所以，文人雅士，老弱婦孺得以因修練太極拳而強壯身體，成就內勁，而增進自信及膽識與氣勢，達到自我防衛效果。

學力而有為，才是真功夫。太極拳若不是經過「學」習，努「力」用心去老實參修，是很難「有」所做「為」的，是無法成就功夫的，所以因學力而有為所成就的功夫，才是值得珍貴與珍惜的，也因為學力而有為而突顯自己功夫的超拔殊勝與武品的勵磨淬煉。

第五節　斯技旁門

「斯技」，翻成白話，就是「那些技藝」，或說「那些伎倆」，說粗俗一點就是「那些玩意兒」。

王宗岳先生說：「『斯技』旁門甚多，雖勢有區別，概不外乎壯欺弱，慢讓快耳！有力打無力，手慢讓手快，

是皆先天自然之能，非關學力而有為也。」王宗岳先生把這些屬於「先天自然之能」的「玩意兒」，的「伎倆」，歸類為「旁門左道」，「非關學力而有為」。

懂得文言文，懂得太極拳者，知道這在說什麼。王宗岳老前輩把「壯欺弱，慢讓快」、「有力打無力，手慢讓手快」這些先天自然之流的練武者，說為「斯技旁門」，雖無「貶抑」之意，卻讓真正的「練家子」覺得那些「斯技」，實非真正入流的武功。

為何如是說呢？因為這些「甚多的斯技旁門」，是「非關學力而有為」的武藝。只要花些時間練練，短期內就會有「成就」。但這些「成就」，是「非關學力而有為」的。

「學力」應該讀成「力學」，也就是努力學習，用心學習，苦心孤詣的鑽研的意思，要花極長的時間，運用心志、毅力與智慧去成就這個極其不易成就的功夫。

為何說「十年太極不出門」？因為太極拳，不易成就，如果不是苦心孤詣，戮力修練，莫說十年，到了老年，還是泛泛之流。如果練錯了方法，雖然練的是太極，還是免不了要被歸類於「斯技旁門」。譬如說，現在的鬥牛式推手，如果王宗岳先生是生在這個年代，免不了要搖頭嘆息了，也免不了要把這些「玩意兒」歸類為「斯技旁門」了。

現在的推手，極多數是土法煉鋼的，初學就要求蹲低練腳力，練手的蠻力，然後兩人互相鬥力，鬥久了，也懂得一些反應技巧，然後去參加比賽，靠著體力、耐力及滿

身的蠻力，做困獸之鬥，鬥個冠軍回來，就不可一世，眼睛長在頭上，一副天下無敵的嘴臉，殊不知這個「冠軍」還是要被歸納於「斯技旁門」的，真是可悲可嘆。

還有現在的太極，有一種是剛烈的發勁打法，不是震腳，就是搗錐，打得氣喘吁吁，臉色發青，不只失去了健康效益，對於內勁的養成，也無所助益。為何如是說呢？因為這些打法，是內勁成就的人在練的，很多初學者一上門就練這些發勁的打法，往往弄巧成拙，練成一身蠻力，有時外形看起來還有一點模樣，真正叫他發勁，一點也使不上來。

另一種是手指不停的抖動，看起來就有些裝模作樣。真正的「抖勁」哪是這個模樣，只能籠罩那些不識者罷了。這些人雖然練的是太極，還是要把它歸納於「斯技旁門」，因為練的時機方法不對，內涵不對。

王宗岳先生所說的「斯技旁門」並非專指太極以外的其他武術，而是泛指那些以練拙力、練快速度而取勝的武技，是指那些靠著蠻力，靠著土法煉鋼式的以種種旁門左道的伎倆去練就骨頭堅硬，能劈磚、破牆之屬；靠著不斷的揮拳練速度而取勝之流。

真正的功夫，不是以「有力打無力」，不是以「壯欺弱」，不是以「手快勝手慢」；而是「以小制大」，「以無力打有力」，「以柔克剛」，「以老而能禦眾」。

王宗岳老前輩又說：「四兩撥千斤，顯非力勝；耄耋能禦眾之形，快何能焉！」所以，力量不是完全制勝的因素，快速也不是取勝的原因。制勝的條件取決於體用兼

173

備，剛柔並濟與虛實變化，牽涉到內勁的成就，聽勁、懂勁的成就等等。

「斯技旁門」，並不是以拳種、系統來分類。很多練硬拳的，練到某個程度，對武術有更深層的體悟，也能把他所練的拳種招式，轉入斂氣成勁的練法，終也能達於宗岳先生所謂的「學力而有為」的上乘功夫。所以「斯技旁門」並非以所練的拳種而歸類，而是以所練的方法、方式來界定。譬如：打沙包、舉重、練肌力之屬，例如，某些拳法是特別要練四隻的堅硬如鐵，用自己的手臂、小腿去打擊鋼硬物體，然後藉著藥物、藥洗之類來塗抹，如此反覆，終把手腳練的如石頭、如鐵一般堅硬，以為這就是功夫，殊不知，他把寶貝的神經練死了，把可以使聽勁練就靈敏的神經感應破壞了，雖然揮拳出腳尚能使力、使快，但那自然的神經反射作用變呆滯了，聽勁的變化作用變拙劣了，而卻猶自為那堅硬如石、如鐵的手腳而沾沾自喜。

「見招拆招」的練法，也要被歸類於「斯技旁門」，也是土法，是愚夫之法。

上乘功夫，是「神龍見首不見尾」，是「拳打不知」，是「化勁人不覺」，是「發勁人不知」，是「拳無拳，意無意」，是「技到無心始稱奇」，哪還有招法、式法，光一個「十三式」，就讓你練之不盡，就夠你琢磨好幾年。然而，當你領悟到那個拳理，澈通那個道理，而且能夠「老實練拳」，堅忍卓絕，堅毅不拔，自然有一天「水到渠成」，很多東西會源源不絕的自己生出，沒有刻意去追求，功夫自然而然的生出。

　　當水匯聚圓滿，就會成為一個水庫；當丹田氣滿就會形成一個堅韌的氣囊；當氣沉斂入骨，就會累積成勁；當下盤樁功成就，就能穩固如山；當手之掤勁成就，就可似海水能吞納萬噸巨艦；當那靈敏的聽勁成就，就能瞬間反射回打；當化勁成就，就能將頑拙之力虛化於無形；當接勁功夫成就，就能接而反彈。此時，功夫底定，這時的你，已然跳脫「斯技旁門」之名。

第六節　先求開展後求緊湊

　　一般觀念認為，開展，是拳架開放擴展之大架，或謂之大圈；緊湊，為動作緊縮快速之小架，或謂之小圈，故有所謂的快太極，大小架太極等等，將太極拳扭曲變形。

　　筆者以為，開展是體，緊湊為用；開展乃體架豪邁，氣勢雄偉，筋脈暗張，氣血順遂，安舒沉著。緊湊則是緩急適當，綿密相接，摺疊互隨，化打一氣，自然反應，隨心所欲。

　　先求開展，係架勢紮根落實，即拳架功體也。後求緊湊，乃用法靈活俐落，即推手散打發勁也。

　　開展，是筋骨鬆開，大開大合，各部暢通，節節貫串。透過大開大合的鍛鍊階段，做到丹田之氣帶動全身，外開內緊、外方內圓，周身照應。

　　緊湊不是動作求快，乃是由開展後筋脈及氣勁經百煉後而形成的堅韌彈性，能收放自如之意。

　　練拳須先練體，先求大的開合，擴展的摺疊，伸

張的撐裹，聚氣成勁，百煉成鋼。體成就爾後，身隨
意動，勁隨氣發，此時，丹田之氣，摺疊彈簧之勁，
自然水到渠成，緊湊功夫自然而成，無須刻意去求
快，去練距離加速度的快，不必去練「斯技旁門」
的快，此快非真，此「快」又「何能焉」？此快乃
「非關學力而有為」的伎倆，不是太極拳所說的「緊
湊」。

第七節　臻於縝密

　　臻，是達到的意思；縝密，是精微細密之意。
「乃可臻於縝密矣」，意思是說，如果能夠先做到
「開展」，之後又做到了「緊湊」，那麼，功夫就可
達到精微細密的境地。

　　縝密就是精巧妙密，沒有瑕疵，沒有缺陷，沒有
凹凸，沒有斷續。譬如，發勁能完整一氣，冷脆疾
速，不拖泥帶水，是為縝密；運架行功能順遂圓活，
連綿貫串，鼓盪摺疊，連成一氣，是為縝密。

　　縝密的前奏是開展與緊湊，沒有開展就沒有緊
湊，沒有緊湊則難可臻於縝密之境界。

第二十四章　先在心，後在身。

第一節　心在身先

　　心，在行功心解裡面，說到心的地方有五處，「以心行氣」、「便利從心」、「心為令」、「先在心」、「刻刻在心」等。為什麼如是強調這個「心」字，因為，心，就好像一棟屋子的主人，這個房屋如果沒有主人，即變成空屋，空殼子。

　　太極拳如果沒有了這個心，也將變成空架子，因為，沒有心，就不能「以心行氣」，不能「以氣運身」，沒有透過氣的行運，則氣不能收斂入骨，聚成內勁；沒有心與氣的太極，永遠都是空架子，永遠只是柔軟體操的運動，永遠無法成就太極甚深的內勁功夫。「行功『心』解」裡頭，就有一個「心」字，已然明顯點出太極的行功運氣，是以心為主宰來解析太極行功的要領。

　　心在身先，先有心，後有身；先在心，後在身；心是主，身是從；心是主人，身是隨侍，沒有主人，何來隨從？

　　「心生，種種法生」。若沒有心之存在，則種種法就無由生起。練太極拳，先要有心，心意堅定，有毅力，有決心，然後再鍛鍊身體，始克有成；若心意不堅，或隨

興而練，或一天打魚，三天曬網，是無法成就功夫的。孟子曰：「天將降大任於斯人也，必先苦其心志，勞其筋骨。」所以，心志一定要堅定，要能吃苦，要勞其筋骨而甘之如飴，把練拳當成一種磨鍊，而且要磨鍊出興趣來。

先在心，後在身，是說練拳要把心擺在最前面，要以心、意念、意識來帶引身體，心身雖有先後，然而卻是連動的，是不分離的。廣義而言，是先苦其心志，後再勞其筋骨。練太極拳是「苦其心志」的鍛鍊，沒有堅苦卓絕的毅力，是無法成就甚深的太極功夫的。所以，下一節要論述的是毅力與練拳的關係。

第二節　毅力與練拳

各種運動，很多人都是隨興而為的，身體及精神狀況良好時，就多運動一些，精神不濟懶散時，就懈怠一些。有些人是因為有病，勉強出來運動。所以運動對他們來說，好像可有可無，在生活中，不是挺重要的事，沒有佔到很重要的地位。

練拳的人，幾乎也是如此，不同的是，繳了學費，沒去練，感覺有些吃虧。有些練拳的人，觀念中，認為缺幾趟課，無關緊要，缺一、兩趟課，不算啥，下次去補回來就好。通常人幾乎都有惰性，以為缺一次，沒有關係，豈知有一就有二，有二就有三，缺課就變成稀鬆平常的事，老師除了鼓勵性的話之外，也不便說什麼，一個道場的凝聚力就結集不起來，最後，吃虧的還是學生自己。

　　上課時間，老師會講一些實際理論的東西，你缺一趟課，就會少聽到一些，一次少一些，累積下來就會少很多；有時剛好講到非常重要的部分，你沒聽到，損失是很大的，這與學費的損失是不能相比擬的。

　　太極拳的成就非易，千百人之中，難得一人有成就，沒有堅忍不拔的毅力，意志力，以及卓絕的鬥志，無法成就太極拳功夫。為何如此說呢？因為：

　　第一：太極拳必須長期的累積功體，每日積蓄功力，所以每天都要練拳，而且最少要練兩個小時以上。一個學生，如果常常缺課，那麼，他在自己的時間裡，自我練習的機率也不會很大，也將會變成隨興而練之類型，所以，功夫絕對無法成就。

　　第二：老師要傳授功夫給學生，當然也要看學生的學習態度，一個不認真老實練拳的學生，即使老師有心想要栽培，只怕也將因學生的懶散而力不從心，這並非老師想教不想教的問題，而是學生想學不想學的問題。

　　一位美國籃球健將，來臺灣訪問，記者問：「你成功的因素？」答曰：「堅持。」堅持，確是成功的要素，做任何事情，都必堅持到底，堅持到成功的那一刻；練功夫，則是要永遠的堅持，功夫成就以後，還要一直堅持下去，因為功夫是無止境的，如果停滯了，就無法再百尺竿頭，更進一步。

　　很多練拳的人都是隨興而練，今天精神好就練練，今天時間比較充裕就練練，明天有事就休息，後天要去爬山，暫停。練拳總是練練停停，斷斷續續，能夠堅持，持

續不斷者，寥寥無幾。所以能真正成就功夫的人是非常稀有的。

這是工業時代練武者的常情，也是通病。人們時間有限，應酬太多，還有無窮的欲望牽絆著，功利的追求，使功夫不能成就。

很多人對武術充滿興趣與遐想，但興趣歸興趣，能夠意志超拔，堅忍不退者甚少，甚少。心裡對武術充滿遐想，於事也是無補的，武術的鍛鍊貴在持之以恆，老實修練，不是胡思亂想而能致之的。

有學生常常抱怨說他的功夫總是沒有進步，問他：「你一天練多少時間？」回曰：「有時有練，有時沒練。」一日打漁，三日曬網，就不要抱怨功夫沒有進展，因為自己努力不過。

功夫的進步，如日進一紙，不覺其多，幾年後就有厚厚一疊，此時才能感覺功夫有沒有進步，功夫是靠累積而成的，功夫沒有速成，也沒有不勞而獲；功夫不是靠遐想，而是靠實練，你得老老實實的練才有收穫。

功夫的成就也不是依靠知識的豐富，與拳經理論的理解，知識歸知識，理論也須依附於實練當中，如果整天與人空談經論，辯論自解的認知，而不務實的去練拳，不老實的去修練，到老來也是一場空，徒耗精神罷了！

功夫的可貴在於實練實證，你練過以後，有實際的體驗與悟解，才能言之有物，空洞的理論令人一聞便知，自露餡於方家而不自知，真是可憐憫者。

佛教五百羅漢結集經典，多聞第一的阿難尊者卻不能

參與，因為還沒有實證的功夫。所以多聞與實證是有相當大的距離，知識豐富與實證無關，理論再多，若無實際體驗，對於修練終是沒有補益的。

太極拳的修練，內勁與氣的養成，更需精進的，持之以恆的培養鍛鍊，要靠長期的儲蓄累積，太極拳的功體，才能成就，若是貪著五慾，神氣放逸，神不守舍，氣不守丹田，沒有深刻的去領悟，沒有老實的練拳，功夫是難得成就的。隨興練拳，將唐捐其功，浪費寶貴的時間與生命。

練拳就像登山一樣。山，總是彎彎曲曲，起起伏伏，峰迴路轉，雜草頑石擋路；然而，山，也有花香鳥語，潺潺流水，蒼翠林木，朝陽夕日，美不勝收。

一山還有一山高，越過一支層峰，還得更上一層，行行重重，無數的峰巒，等你去突破，等你去超越。

練拳就像爬山，你如果走走停停，何時到達山峰高頂？若是留戀野花奇草，看一樣學一樣，心不專一，尋尋覓覓，見異思遷，以為學多就是好，就會被這些路邊的野花所牽絆，難以到達高峰。

如果走一天停三天，想到達頂峰，根本就是作夢，不可能也！只是浪費了寶貴的光陰及耗費無謂的金錢而已。

如果逗留在山下，成天研究山的路徑，山的神秘，盲目的探究山的捷徑，想縮短路程，一步登天，也是作白日夢。

登山，需要一個知道路徑的嚮導，指引正確的方向，若是走錯方向，把內勁練成蠻力，那就背道而馳，永遠到不了目的地。那個嚮導是否是真正的明師，得須睜開慧眼

去尋覓緣遇。

山的路徑，不會是一片光明坦途，總有彎曲起伏之處，需要毅力、恆心去駕馭、克服。若是遇到頑石擋道，遇到瓶頸難以突圍，而心灰意冷，黯然喪志，非是大丈夫。能夠提起勇氣，振奮精神，衝出難關，突破瓶頸，就是海闊天空，迎向光明。

一個高峰過後，還有另一個高峰等你去邁進，去超越；能夠遇難而不退墮，逆流而上，衝破重重關卡，最高峰就在眼前，大成的日子在望。

練武的人，行行色色，千奇百怪。武術受功夫影片的影響，使很多人起了憧憬之心，夢想擁有絕世武功，幻想一日成名。殊不知，武術的成就非易，因為有毅力的人不多，有恆心的人太少，「武癡」已經難以覓得，那個不怕山路崎嶇不平而能奮勇到底的「武癡」，甚是難覓。

那個「武癡」，不問什麼是難，運用智慧直心的練下去，不管山路多麼泥濘，還是一步一腳印的向上邁進，終於登上峰頂。當他往山下看，山路雖然迂迴曲折，卻是清楚明白，一目瞭然。真是「不識廬山真面目，只緣身在此山中」，你在山中鑽來鑽去，看不清楚路徑的全貌，有時會誤入歧路，讓你多費路程，如有明師嚮導指引，不會走冤枉路；若不信嚮導，懷疑路徑的正確性，不聽指引，自以為是，就會錯踏迷宮，永遠在山內轉來轉去，找不到出路。

若是緣遇明師，不知寶貝，因循怠惰，不認真老實練拳，曠廢時日，躐等以求，終無所成，到老猶空。

僅以肺腑之言，提供給真正想要練功夫的人做參考。

第三節　後在身

身，是指肢體百骸。練太極拳，心志建立之後，就要開始鍛鍊身體，將筋骨百煉成鋼。

人之身體架構錯綜複雜，在太極的修練中常牽涉到的有筋、骨、神經等等。關於骨的部分在第一章中，已有略說，在下一章還會有所論述。此章我們只略述筋與神經在太極拳中的重要性。

一、筋

筋，在骨節之外，肌肉之內，四肢百骸，都有筋聯結全身，通行血脈，筋與骨合而能行能動，人之所以能活動，都是筋的作用。

人體中，以骨為主幹，以脈為營，以筋為剛，以肉為牆，以皮膚堅而毛髮長。

筋弛則病、筋攣剛瘦，筋靡則痿，筋弱則懈，筋縮則亡；筋壯則強，筋舒則長，筋勁則剛，筋和則康。所以要練筋以強化其體，練內以助其外。要讓筋更強更壯，更舒展拉長，更有韌勁而富於彈性，那麼如何才能達到呢？

對於筋的鍛鍊，那就是伸筋拔骨，當筋被伸開的時候，骨節、骨縫間的距離拉大，內裏的軟組織增加使關節靈活而有力。各關節的伸張拉開，可使身上僵硬的部位放鬆，化僵為柔，身體的內部也會感覺到氣血的流轉。

體形上的伸拔筋骨之後，需要向內擴展，以內氣運行，將筋舒放開展，起落開合，微微意動，根節一帶，氣機自然而達於梢節，時節一到自可豁然通透全身。

筋之開展拔長，是掤勁的養成方法之一。

1. 掤勁意涵

掤，是乘載之意，像海水能乘載千萬頓的船隻貨物一般，它有浮動力，有載乘力，有承受力，有支撐力，有擴張力，這種力是活潑而有彈性的，不是頑固、堅硬、抗頂、笨拙之力。

當海水呈現靜態時，是水波洶洶，溫柔婉約，浪靜風平；當風起雲湧時，剎那捲起萬重浪，則是海瀾壯闊，浪濤洶湧，氣勢驚駭，橫掃千軍，無可遮攔。掤勁，有靜有動，有陰有陽，有虛有實，可攻可守，可化可打，可黏可隨，可聽可覺，千變萬化。禦守城邑，衝鋒陷陣，訪察敵情，制敵機先，全憑掤勁之功。

2. 掤勁的修練

心裡作意微微起一個念，將手臂輕輕提起，不必很高，內裡的筋要伸展拉拔開來，如此已經進入「掤」的狀態中，此時內心宜靜，氣息微微，似有似無，身心放鬆，手臂更要鬆得好像要掉下來一般，在極鬆極靜的情況下，手臂會有沉重的感覺，經久練之，會有氣脹、氣麻、氣癢、氣鑽的感覺出現。持之以恆的鍛鍊，這股氣愈沉，然後斂入臂骨，聚集儲藏而成為手臂的內在暗勁，就稱之為掤勁。

靜態的鍛鍊，可用站樁來練習，以平馬步練渾圓樁，

或以四六步或三七步或獨立步皆可；手勢可用提手上勢、野馬分鬃、白鶴亮翅、退步胯虎，都行。原則上，要把握心平氣和，心寬體靜，凝神屏氣，氣沉丹田，氣貫於手。

　　動態的鍛鍊，就是練基本功及拳架。打拳架，腳跟須紮下，立地盤踞，沉穩如山，虛實變化輕靈。以腳跟帶領、拖曳身手，手只需輕輕提著，捧著，不著一絲拙力。腳跟為動力，腰胯領導，身手隨行。當手被拖曳時，要有被周圍空氣微微阻礙的感覺，把空氣擬想成水，水有阻力，空氣亦有阻力，似在陸地行舟的模樣。此時手臂因被動的關係，被腳跟及腰身拖曳帶領的關係，內裡的氣血有膨脹憤張的覺受，如針筒管被壓擠時，裡面真空之不得宣洩，在推壓時呈現的一股無形卻可感受的阻壓。

　　練基本功可作定步練習，如左右雲手、採手、翻蓋掌、按掌、穿掌等等。原則上只是腳跟不動如山，前後左右撐蹬要有二爭力，手的捧勢與打拳架相同。

　　手臂盤起，應將整隻手的支撐點、著力點擺放在手臂之根節，也就是肩部，次為中節肘部，所以肩要沉，肘要墜，謂之沉肩墜肘，要催筋伸骨。

　　推手練習，也可練就掤勁。在練推手時，手臂更需保持鬆柔，不可力頂。對方巨大的來力，要以海水鬆柔的承載力接入腳底，鬆中含有暗勁及彈勁，如此才能輕鬆走化，並將對方反彈而出。若是硬頂硬抗，則將變成鬥牛蠻纏，非是太極。

　　對方之力，已加諸我身，或搭於我手臂，但能以暗巧之乘載內勁，去承接他，去化解他，使對方之攻擊力，不

再繼續深入威脅於已，掌控裕如，並有能力施以反擊，謂之掤。

不問對手之手法如何，不問對手出不出招，使不使力，而能隨心所欲，而能沾粘連隨，掌控自如，將對手玩控於股掌之間，如海水之載物，能載舟亦能覆舟。能不頂亦不丟，能被動亦能主動，能挫亦能勇，謂之掤勁。

二、身中的神經

人體是由許多不同的器官、系統所組成，每個器官、系統有它們不同的功能。但都能在神經系統的統一調節和控制之下，互相協調、制約，使之成為一個完整的統一體系。所以，神經系統可說是人體內的主導系統。

神經是一束神經纖維，其作用是在體內傳送信息，神經是周圍神經系統的組成部分，組成神經的每根軸突都由結締組織包圍，多根軸突形成一根神經，每根神經的周圍也有結締組織保護。

神經能對環境所發生的變動、刺激作出適當的反應，稱為反射，這個反射作用不是由大腦意識所控制，所以稱為自然反射，譬如四肢的反射，由脊髓控制，例如手遇到燒燙快速縮回，這種反射發生在瞬息之間，十分疾速，在日常生活中，是用來應付外界變化的緊急措施。

太極拳的推手鍛鍊，是一種反射作用的練習。太極推手牽連到發勁與聽勁。

一般學武術的人，大都知道發勁是甚麼，但真正會發勁的人並不多，甚至把發勁當作是一種力量配合肢體動作

與速度結合的一股連貫性的作用而已。

至於聽勁，練太極拳的人認識較深，因為有推手的關係。所謂聽勁，並非用耳朵去聽，而是用身體肌膚及神經觸感，去感覺對手攻擊來力的大小、方向及來龍去脈，以沾粘連隨等方法，掌控對方使力的意圖，而掌握先機，克敵制勝。

不會聽勁，在推手時，就會以力取勝，以蠻力壓制對方，故常有頂抗、摟抱、纏打等鬥牛的現象發生，就像現在一般的太極推手比賽所常見的，也是被人所垢病與批判的。此種比賽所產生的冠軍選手，不一定每個人都有真實功夫，在技擊搏鬥時，也無法以發勁的方式來作搏擊，因為還沒有真正練出內勁的關係。

聽勁是一種神經覺受的反應，其實是每個人都天生具備賦有的，只是有靈敏與遲鈍的差別，透過訓練可以將潛能開發出來，但是要經過明師的口傳心授與親手餵勁。

餵勁，是一種極高度的技法，少有人懂，一般阿師，只能教一些粗魯的招法，讓學生去練，不免流於鬥力的方向，這樣的教法，對於內勁的培養與鍛鍊是會造成反效果的，所以修學者想要在太極拳有所突破與成就，是有相當程度的困難。

餵勁，並不是指老師有內勁，然後把本身之內勁傳達灌輸給學生，不是這樣的，如果依文解義，那就相差十萬八千里了。內勁只能靠自己去培養鍛鍊，儲存聚集，本身內勁之體，先練就了，老師才能藉由一些動作、勢法、機制，把你已練就潛在的內勁開發引導出來，讓你會用、會

使，慢慢知道如何走化，如何發制於人，如何以靜制動，如何搶先機，如何應用虛實，如何引敵入彀，如何欲擒故縱，如何放空城計，裡面有很多技巧，豈是那些胡攪蠻鬥阿師所能理解。

至於發勁，先決條件就是你已把你的「體」練就了，所謂「體」，包涵下盤根力的入地生根、手的掤勁、及丹田的完整一氣等等。發勁時，腳不能往上浮升，往上升，則根虛浮，發出的勁變成虛無飄渺，不能紮實，腳掌在發勁時，好比打地樁般，借那股震地的反彈力及丹田之氣剎那爆發，借手之掤勁將爆破力直達目標，那是瞬息而達的，沒有猶豫、思考，只是一個作意，內勁已隨意念奔放而出。

聽勁與發勁雖是兩種不同的技法，卻有關聯性。你雖練就了內勁，也知道發勁的要領，但你的勁發到對手身上，是否能命中，是否能發生制敵的效果，那就牽涉到很多的技巧，如時機的掌握，身勢的控制，能不能得機得勢，那就得靠你的聽勁感覺反應等多方面的配合，才能得心應手。聽勁好，但是沒有紮實的內勁，發勁變成空包彈，起不了作用；內勁好，但是聽勁差，就像擁有滿倉庫的彈藥，被鎖著，不能拿出來用，或者胡亂掃射，不能命中目標。內勁是體，聽勁是用，體用兼備，才是好功夫。

聽勁，是神經覺受的自然反射作用，這個反射作用，不必經由大腦意識的傳導，功夫精深的人，可由身體周圍的氣的氛圍，及氣的流動之磁場，而感應瞬息萬變的外界突發變異與勢力，作出適當的應變與防衛。

第二十五章　腹鬆，氣斂入骨。

第一節　腹　鬆

　　腹鬆，如果依文解義，把它解釋為腹部保持鬆柔，似乎顯得太狹義了。

　　其實，腹鬆，含蓋丹田之氣的鬆放，又因丹田之氣是釋放於全身的，所以這個鬆是包含了周身各處的，是行氣如九曲珠，無微不至的。

　　鬆，不止是肢節的鬆，肌肉的鬆，筋骨的鬆，神經的鬆而已，還含蓋氣與勁的鬆。在走架行功運氣之時，不能憋氣努勁，這樣反而會使氣結滯而不順遂，更而甚者，有時運氣不當是會造成內臟的傷害的。

　　前面說過，鬆不是鬆懈，不是怠慢，不是空無一物，在心識與肢體的鬆柔之中，內裡是催筋轉骨的，是暗潮洶湧的，是有二爭力與阻力的，是多采多姿的。鬆，不是柔軟體操，鬆，不是空洞的比手畫腳，鬆，不是跳芭蕾，鬆，不是虛有其表，裝模作樣。

　　腹鬆了，氣就通透了，就凝聚了，就沉著了，經久，而氣斂入骨。

第二節　氣斂入骨

多數人是不相信氣斂入骨的理論，尤其是西方人，然而西方某些醫界人士，在實驗後發現生物體受到微量電刺激後，有助於細胞再生能力，這與太極拳氣斂入骨的理論是相合的。太極拳的行功運氣，能使氣產生電能，以科學理論而言，是有助於骨質量能的。

骨骼有造血功能，有貯存功能，有運動功能，這在第一章節中已有說明。血必須藉由氣的引導才能循環無礙；骨骼能貯存肉眼所看不到的氣，這也是推之成理的，因為它有貯存功能。學練太極拳，透過鬆淨、神舒、圓活順遂等作用，使這個無形的氣，產生不可思議的量能變化，使氣產生騰然作用，騰然之後就會薰入於骨骼筋脈之中，這就是氣斂入骨，也就是透過「以心行氣，務令沉著」及太極拳種種的修練方法，使氣產生熱能，也就是所謂的電能作用，進而收攝斂入於筋骨之內。

僅將鄭子太極拳自修新法一書有關氣斂入骨的論述，以白話轉錄以供讀者參考：

『太極這個名稱是來至於易經，並且也出現於醫經及道藏裏面，它們對於太極的論說非常廣泛，它的作用是很閎大的。仲尼所說的「範圍天地之化而不過」者，它的道理不會超出陰陽，它的氣之變化不會超出五行，太極是我國文化與哲學之胚胎。如果捨棄陰陽五行而論說太極，就會成為無稽之談。如果必定要捨棄陰陽五行，而探討我國

的哲學、醫學及道學的話，就好像捨去四則及代數而與人家說算術，這樣能合乎道理嗎？

現在科學的進步，已經由電子而進入原子時代，請問是否能離開陰陽的作用呢？太極拳之所以合乎哲學與科學的原因無他，因為太極的立論是合乎哲理的，太極的立場也是合乎科學的，這都是可以透過各種實際的體用來驗證的，何必要去爭辯，然而太極拳的理論非常精湛，事實也是很奇特的，現在姑且就大約的來作一個淺顯的說明，這也只是想分析其中道理的萬分之一而已。

以太極的運動來說，所謂以心行氣，以氣運身，這些都是運而後動的。就好像電動車和汽船一般，是藉由氣的力量，運而後動，這和肢體及局部之運動，是大大不同的。又所謂「腹內鬆淨」，及「週身輕靈」，與「牽動四兩撥千斤」這些，都是講求不用力的。所謂不用力就是不承受人家的襲擊力量，這個掌控權在於我，這是指體而言，是比較容易的。用四兩撥千斤的技巧，這是用法，四兩為何能夠撥動千斤呢？這是掌控對手的重心，讓他傾倒，然而雖然沒有用四兩力牽撥他，他也是會自己傾倒的。以這些情況來質問現在的運動家們，能夠說它是合乎哲學還是科學啊！

又所謂「氣歛入骨」，而能成為純剛，無堅不摧，想進一步的解說，就很費言辭了。民國十八年春天，有一個姓曹的學者，他想研究太極拳而來向我學習，我告訴他氣沉丹田這件事。

姓曹的說：「氣沉丹田，有什麼益處呢？」

我說：「氣沉丹田雖然有益處，但比不上以心與氣相守於丹田，更有利於身體。」

姓曹的說：「願聞其詳。」

我說：「人體的腹部積蓄水份最多，就好像天地間之有水一般。水之為害，大的就像洪水橫流，小的就像決堤沖堰。在人身體如果生病，大的就像臌脹、黃疸、濕痺，小的就像痰飲、瘡痍、疥癬，及肺脾與腸胃之濕熱薰蒸這些，不能一一列舉。想要去除水所引生的毛病，最好就是運動。禹之治水，以疏睿利導為功，如果相比於自然的陽光蒸化水份，吸收陰翳，減少雲雨，是來不及的。在人身而言如果能如此，則可說是有奪天之功了。然而以心與氣相守於丹田，這種特效的是什麼？就是氣沉丹田，就好像注入暖氣在爐中，只可以祛除陰濕寒氣的效果而已，若能與心相守而不離，就好像把火置於鍋底，使鍋中的水達到滾燙沸騰，這樣就可以漸漸的化為水蒸氣，不只對身體沒有危害，且有利於血液之循環，它的功用就非常大了。」

姓曹的說：「說的太好了！我一直以為哲學就是哲學，現在已經知道哲學就是未來的科學。」

我說：「然而還有比這個更深進的。氣斂入骨能夠成為純剛就是透過氣由丹田循著尾閭而上透達脊骨。」

姓曹聽了覺得很好奇，就去他們的西方國家找醫學人士詢問，醫學人士告訴他說：「氣沉丹田有相近似的，近年有西醫師作人體解剖，發現腹部腸與腸相連之網膜中，有一個好像皮囊的東西，惟獨運動家的皮囊比一般人厚，用拳頭或棒棍擊打，這個皮囊能上下抗打擊。中國人所說

的丹田，可能就是這個皮囊吧？然而從尾閭延上到脊骨，卻沒有發現這個徑路，是不相通的。」

　　姓曹的回來後把這些話告訴我，我說：「這個人的知識有限，所謂運動家，他的皮囊特別厚，能上下的抗打擊，這話雖對。但這皮囊所包容的是氣，積蓄氣厚實了，是可以相通於膜的，這膜也必定必一般人厚的。不只能上下的，前後左右也都可以的。這個氣與膜相通達，所以能上下的抗打擊，而不是皮囊能上下抗打擊。由尾閭上達脊骨，如果有徑路可通達，那麼大家都知道的，那又有何可貴而值得學習的呢？

　　氣與心相守於丹田，不只水可以化氣，精也可以化氣。精能化氣，這個氣的熱能就像電一般，電之所能透度於水土及金屬，沒辦法去禦止它，更何況只是尾閭及脊骨呢？尾閭與脊骨有很多關節，雖然沒有徑路，但不可能沒有樞機。即有樞機，就不可能沒有隙縫，只不過被筋膜及軟骨所彌蓋了隙縫罷了。以精氣與心火，鍥入它的樞紐而灼熱，加之以丹田之氣，煽拂而推動之，使精氣化熱，而透度尾閭，上脊骨，而達乎頂，傳布到四肢，使熱氣灌滿於骨中，閉而不出，不久，精所化的氣仍然回歸於水，慢慢的成為稠膩液體，稠膩液體又化為有質量的物體，就是骨髓，貼在骨內，就好像鍍鎳鍍金一般，古人所謂功夫日長一紙，就是說這個。久了，骨髓漸漸填滿，那麼骨頭就堅強，所以比喻之為純剛。能夠無堅不摧，也是同樣的道理。這些都是不離於陰陽五行的。而且還有可以見證的，我的師傅澄甫先生的手臂，重量比平常人大十倍，用來攻

擊人，沒有不摧毀的。我不能比得上師傅，但是與一般人比較也重於數倍的，這是可以驗證的。老虎的骨與其他動物不同的，也就是牠的骨髓充滿硬如石頭，沒有一點隙縫，所以特別強壯，這也是可以驗證的，這些不過是說明太極拳之所以合乎哲學與科學之一般概況。」

姓曹的說：「哇，真是太妙了！太極拳發源於哲學，而能以科學驗證，你的話我真的相信了。」

我說：「這只是談到練精化氣，練氣補腦而已。還有比這個更深一層的，就是練精化氣，練氣化神，練神還虛，這是可以通達靈性的，但我還沒有達到這個境界。」

姓曹的說：「好了，不必再說了！我聽後就知道，有這個道理必定有這個事實，可以保留到以後再來實證。」』

第二十六章　神舒體靜，刻刻在心。

第一節　神舒體靜

神，是指元神、精神，是指意識思維活動所展現的情緒與神采。

舒，是舒適、舒暢、舒展、舒服、安舒之意。在前面第六章中有論述到「立身中正安舒」，因為立身中正，則神貫頂，氣血順暢，精神就能得到安舒。

神的作用有靜有動。氣的鬆緩流行及身心的舒放，是靜的作用；如捕鼠之貓的專注、凝聚，蓄勢待發，是神之動態的氣勢。

太極拳是靜而後動，然後，在動中求靜，聽起來好像有些矛盾，其實並無矛盾。人在極靜之時，就會有氣動、氣熱、氣騰然的現象產生，這是陰極陽生；在動中又須求靜，這是外動而內靜，身子雖然在活動，然而內心卻靜如止水，這就是「一動無有不動，一靜無有不靜」，這就是陰陽相生，陰陽互濟，陰中有陽，陽中有陰。

太極是靠著身體動的活動而起作用的，那麼，為什麼說「體靜」呢？因為「神舒」了，自然「體靜」。體靜，是鬆淨的成果，如果身心內外沒有鬆淨，氣不順遂，那

195

麼，身體就會僵硬起來，肌肉結滯，神經緊繃，筋骨硬挺，呈現「體硬」狀態。

鬆，是靜的條件，鬆而後能靜。因此，太極拳在盤架子的過程中，應隨時注意身體與心靈的放鬆，心情保持愉悅，心靜神寧才能聚精會神，使自己處於神舒體靜的輕鬆狀態。

什麼是靜呢？思緒無邪念，是為靜。孟子說：「不動心為靜，靜則心平氣和，志正體直。」這邊孟子有說到不動心念才是真正的靜；志正體直，志正就是心境正直不邪，體直就是透過心正而後體靜的意思，體直就是氣直，因為心平而氣鬆淨，所以身體即能隨之而達直順遂。

鬆與靜是關聯的，鬆了才靜的下來，靜了才鬆的乾淨，鬆與靜是一體的兩面，太極拳的鬆柔能把握住，才能夠靜下來，也唯有身心俱靜時，才更容易體會到鬆。

心靜要從修心養性著手。養性也要養氣，性命雙修，氣壯則神凝，而神舒，志正體直，身正而心思靜定，無思無邪，內視反觀，置淡六塵五慾，抱元守一。

第二節　神舒體靜與修心養性

武術的最高境界是練氣化神，練神還虛，練虛合道。這是最深、最終的，也是最重要的修練。

修心養性，一心向善，淡薄名利及一切七情六慾，使心達到靜定，心能靜定，則神不外馳，神不放逸，則魂魄能安，才是真正達於「靜」的境界。

　　人的心意元神經常往外奔馳，耽溺於外界的五光十色，因此元神無法與色身形體共存共榮，久之，形體漸枯、衰竭，最後神形分離，生命結束。

　　心意向外放逸，會損耗身體固有的元氣，使身體衰老；要防止精、氣、神損耗，進而日增月益，惟有收攝心意，隱藏寶貝於內心；身體得到心意的照顧，就能產生陽氣，陽氣又滋養元神，善性循環，得以長壽延年。

　　修練太極拳應善於攝心，斂氣，守神。太極功夫，分動態與靜態。

　　通常練的都是外形動態的，透過招式、肢體動作，配合意念呼吸導引，與氣的鼓盪等作用，使氣血暢通，循環無礙，達到健康的目的；加上內力與勁道的培養鍛鍊，達到禦敵防身的效果。

　　靜態方面就比較深奧，是內層的東西，是講心性的問題，深入到修心養性的層面。

　　首先講到氣守丹田，神宜內斂；氣守丹田就是養氣，養吾浩然之氣，當太極拳練到了水準，陽氣凝聚於丹田氣海中，為我所用。氣壯神就足，神足而不放逸，都攝六根，制心一處，就又可以養氣。氣壯神足當然身體好，而且氣飽不思食，神足不思淫，氣足神奕，正氣參天，自然不思淫慾，不會暴飲暴食，花天酒地，沉溺於聲色五慾當中，由此，可知養氣存神之重要。

　　而養氣存神之基本，不外乎「一念善心」，也就是一顆善良慈悲的心。佛家云「一切法唯心所造」，這道理就又更深奧了。練拳要刻刻留心，心如止水，心無纖塵染

197

著，心無罣礙，才是真功夫。

練拳，最重要的在於練心，修練心性。要時時保持一份清淨的心，無染無著，關閉六根門頭，念念清淨，至內心無一物，何處惹塵埃。

去除「我相執著」，是武術的重要法門。執著我相是練拳之忌，因為執相會分心，分心則氣不能凝，神不能聚；神氣不能凝聚，則勁不能生；勁不能生，則練拳無益。

所以，練拳要練到無「我相」，練到忘我之境，外緣與我沒有一絲牽扯，沒有一個練拳的人，也沒有一個所練的拳，拳我兩空。不必顧慮拳打得好而無知音賞識，或打得不好，被評頭論足；拳不是練給別人看，也不怕別人看，好壞由我，與人無干；能無視凡俗眼光，超然物外，才是灑脫，才是超俗。

去除人我相，去除執著，去除一切貪、嗔、癡、慢、疑、色、聲、香、味、觸，悠然忘我，應如是清淨，如是自在。

拳即道，練拳也要修道，修道才能使心清淨，心能清淨，氣勁自生，相輔相成；如果妄想執著太多，則心不能平靜，心不靜，氣則亂，氣亂神則散，不惟練拳無益，還有害身心。

所以，習拳養氣，攝心守神，修心養性，是修練太極拳的不二法門。

第三節　刻刻在心

　　這是行功心解說到的最後一個「心」。為什麼行功心解最後談到的心是「刻刻在心」？這是囑咐叮嚀修練太極拳者，不可把最重要的東西丟掉，不僅不可丟掉，還要時時刻刻的把這個心抓住。

　　刻刻在心，意思是說行功練氣要以心為先，以意念為主導，無時無刻的，用心、用意念守著氣，意守於丹田，使氣凝聚。

　　心為一身之主宰，練太極拳在心中須有一「正」字，所謂正心誠意是也。心正則身體各部皆正，這是孟子所說的「志正體直」，因為身體各處，都是聽命於心，心專心直心正，則心神內斂，精神才能提得起。心不正不直不專，則心識外馳，心猿意馬，魂不守舍，氣難沉著。

　　「刻刻在心」，先求心在，心駐，心專，心正，只有刻刻在心，精神始可貫注，無絲毫之懈怠。

第二十七章 切記，一動無有不動，
　　　　　一靜無有不靜。

第一節 切記，一動無有不動，
　　　　一靜無有不靜

　　切記，是加強叮嚀，是一種懇切的囑咐，要切切實實的記住，記住太極拳是「一動無有不動，一靜無有不靜」的。凡有動，都是一動全身皆動，是連綿貫串的，不是局部的動；凡有靜，也是身心俱靜的，都是一靜無處不靜的。所以，太極拳是一種整體的活動機制，不是片面、局部的動靜。

　　太極拳的動，是身心俱動，意動而身隨，身動而心靜。太極拳是靜極生動、動極生靜，靜中有動，動中有靜，動靜相兼、相合。太極本無極，無極一動生太極，太極動靜分陰陽，陰陽開合萬物生，生生不息，這就是太極的根本。

　　太極拳十三式中，掤、捋、擠、按、採、挒、肘、靠這八法，是手法，前進、後退、左顧、右盼這四法是步法，中定是身法，中定是平衡之法，中定是靜法，太極十三勢，勢勢相合，動中有靜，靜中有動，動靜之中有手法、有步法、有身法。

　　太極拳「靜」的方面可練習站樁，後進入拳架練習。

　　站樁是武術的基礎，要練成高深精湛的功夫，得從站樁下手。

　　以武術的立場而言，「氣」是可以透過修練而累積，而儲存的。行功心解開宗明義就說：「以心行氣，務令沉著，乃能收斂入骨。」這是太極武術的至理名言，是古人武術的智慧結晶，是武術修練者之成果呈現，是後代武術修學的最佳路徑，若能按著這些經論而修練，要成就武功是絕對可以成辦的。

　　站樁的作用是什麼？是練練腿力而已嗎？或是站著好玩，讓人家認為你是練功夫的人？若是存著武術的虛榮心態，於事無補，於功夫無益。

　　站樁是透過心靈的寧靜，以意念引氣下沉，透過鼓盪導引，令氣騰然，而墜於腳底湧泉，經久而生根入地。就像高樓的地基，需要深沉穩固，若磐石般的堅實而屹立不搖。

　　樁法有固定樁及活動樁。固定樁如三才樁、渾圓樁等；活動樁就是拳架的形，打形要有樁，步步有樁，穩如泰山。無樁則漂浮不定，虛妄不實，空有其表；有樁則中定、平衡，虛實變化得當，才能得機得勢，無有敗闕。

　　站樁時，眼觀手，回觀入心，要把神意收斂在心，不可心猿意馬，妄念紛擾。把氣固守於丹田，讓他溫熱，而騰然，而收斂入骨，久集而匯聚成內勁，這是行功心解所言，不必置疑，而且必須確信，才能成就無上的功夫。

　　吸氣時，氣貼於背，以意觀想，久之而有感覺；吐氣時，氣沉於丹田，以微意及暗勁徐徐往下運至腳底，不能

用拙力鼓氣硬使，經久則氣入地而生根。

運氣是生機勃勃的，是生意盎然的，是靈動活潑的，是綿綿不絕的，必須與自己寶貝的氣，建立互動關係，保持體貼關懷，時時呵護著他，照顧著他，當它是自己的知己，自己的愛人。這樣，站樁還會枯燥嗎？會單調嗎？

當有一天練至有功力有明顯的增進，內心的歡喜湧躍，信心建立起來，你一天不練站樁，都會覺得可惜，因為少集存了一分功力。

拳架方面，雖有手法、身法、步法，及招式的變化，然而在動中，內心仍要保持寂靜，呼吸要流暢而有規律，身體要保持立身中正、虛靈頂勁、沉肩墜肘、鬆腰落胯等等要領。若能極靜而放鬆，自然會感覺氣的沉墜與流行。

拳架的動，是拳經所說的「其根在腳，發於腿，主宰於腰，形於手指。由腳而腿而腰，總須完整一氣。」所以，太極的動，是其根在腳，是動於腳，但是，由腳而腿而腰，總須完整一氣。完整一氣就是一動全身皆動，一動無有不動，它是整體貫串連接的，沒有先後，沒有斷離。

太極的完整一氣，若沒有寂靜的心做為前提，則心亂意散，神不守舍，氣不凝結，無法求得功夫，所以，太極的動，要須有寂靜的心做為依歸，故說「一動無有不動，一靜無有不靜」，動靜相兼，陰陽相合，是為太極。

站樁是練習放鬆與培養內氣的，站樁，外表靜定，內裡的氣卻是鼓盪穿流的，是外靜而內動的。走架行氣是動中求靜的，由開合摺疊的運用，使神氣統一而聚斂，打拳架，外形連動不斷，往復摺疊，步法游移虛實變換，步隨

身移，身隨腰轉，外表之動精彩多姿，然而，內心是靜極寧謐的，這是動中求靜的功夫。

第二節　動中的定力

太極拳，從外表看，是動的，但是如果只是純粹的動，則與一般運動無異，無法成就太極內勁功夫；如果只是純粹的肢體之動，而沒有太極內涵中的「以心行氣，以氣運身」等深層的行功運氣的靜的功夫，那麼，這些動都是王宗岳先生所謂的「非關學力而有為」的「斯技旁門」，不是真正的太極拳，只能稱之為「太極操」。

在外部「動」的活動當中，又如何求得內部的「靜」呢？這是初學者普遍的問題，因為招式未熟，光記招式就來不及了，還如何去照顧內裡的靜，所以，王宗岳先生的拳論說「由著熟而漸悟懂勁」，招式不「著熟」，無法求勁，無法懂勁。練太極拳，先要求招式著熟，熟到不用腦筋去記都打得出來，這樣，才能在招式的著熟當中，將心求靜，靜而心定，定而氣生，氣生而運，運而百煉成鋼，功夫底定。

練靜，大部分人是用靜坐方式，雖然是一個方法，然而，靜坐時，身雖靜，心不一定能靜得下來，有的人在靜坐時，反而思緒更雜亂，妄想紛飛，連陳年往事都會不由自主的浮上心頭。有些人靜坐功夫夠了，在上坐時，暫能心平氣和，但偶而聽到家人呼叫聲，或電話聲，或外面的狗叫聲，或汽車呼嘯而過的喇叭聲，內心不由怨惱起來，

此時氣亂難平，久久不能自己，這是定力不夠，只有在安靜的環境之下，才能保持心靜，這個虛擬營造的靜，是自己刻意去求取的，不是內心真正的靜，這個靜是會有變化的，所以不是真正的靜。

真正的靜，是在動盪雜錯的環境中，內心如如不動，不為外面的聲色世界所影響，所擾亂。

靜是指心不散亂，意不放馳，神不離舍，是一種定的功夫，動中的定才是真定，在動中而心能入靜，才是真定。

從打坐的靜中或站樁的靜中，有了基楚，就要開始練習生活中動態的定，在平常生活的活動中，不被外境所干擾的定力，稱為動中定力。譬如，在喧囂的人群、市場、百貨公司之中，不被吵雜聲及色塵所干擾，攝心於一處。

又譬如在散步中，保持清淨，心不散亂，一心內觀呼吸的進出，外面的聲塵入耳而不聽，色塵入眼而不看，香塵入鼻而不聞，味塵入舌而不貪。如是慢慢練習，定力漸漸增強。

在靜坐中，在站樁中，先練習不被妄念所干擾，使心境能進入空的狀態；靜定有了相當的基楚，再進行動中定的練習。

動中定力的練習，可從盤架子入手，不須求旁門左道。從無極勢進入太極起勢，一舉手一投足，即要觀心入靜，眼觀鼻，鼻觀心，都攝六根，回心返照，制心一處。眼神雖是內攝的，但眼睛餘光要隨著手的擺動而移視，不可呆滯無神，眼動而神隨，神隨而氣生。

　　制心一處，是入靜求定的方法，那麼，制心一處，要制心於哪一處呢？意守丹田是太極拳制心一處最好的練法，因為丹田範圍廣而明顯，不似守竅那麼虛幻飄渺，捉摸不定，而且意守丹田能使丹田之氣集中凝聚，在靜定中能感覺氣的溫暖與鼓盪，練拳就是在練一個感覺，若是無覺無知，氣不生動，練拳無有效益。

　　制心一處，意守丹田，靜靜的，用心的看著氣的沉守，氣的流動，氣的鼓盪，氣的摺疊，氣的吞吐，氣的蘊釀，心守著氣，心息相依，心與氣互為照顧，這樣，一心只放在氣的看顧上，心無旁騖，這是太極入靜的捷徑，也是動中求靜的方法。

　　如果能在拳架中，能在肢體的動態中，而心能保持靜定，此時已然成就了動中定力，那麼，在以後的推手及實戰的疾速變化的動態中，即能處變不驚，心神凝定，而能在動中求變，在變中取得優勢。

第三節　意守神蓄就是定

　　練太極拳要在生活化中去練，把練拳生活化，在行、住、坐、臥當中練拳。時時意守神蓄，成就動中定力，那麼洗臉刷牙可以練拳，蹲馬桶可以練拳，等人等車可以練拳，工作、遊戲可以練拳，爬山、戲水可以練拳，散步休息可以練拳，處處皆拳。

　　如何作到這樣？只要一作意即可，所謂作意，就是心中起一個念，起一個練拳的念，有了這個念，你就是在

「念拳」當中，你就是在「練拳」了。作意、起念，心中把氣守住丹田，神不放逸，安住在自己本舍。兩臂微微一提，就是練掤勁，胯輕輕一落，就是練氣沉丹田，腳根暗暗撐蹬，就是練入地生根，腰鬆鬆撐轉，就可牽動往來氣貼背，下顎一縮就是虛靈頂勁，尾閭中正就是神貫頂……，這是另類的練拳。真正騰出時間來練拳，當然也是必要的，如果能在生活起居當中，抓住練拳的每一分分秒秒，積蓄累進也是能功夫成片。

　　時時意守神蓄，就是在練功夫。若是神不守舍，意氣放逸，一天練八小時，亦將唐捐其功，因為神不守則氣散亂，氣不凝結，內勁難生，沒有內勁談何功夫？

　　若能神蓄意守，手輕微一提，甚至不提，只要作意，手已然掤勁在即；只要意守神蓄，氣就能深沉丹田，積壯內氣，收斂入骨，匯聚成勁。

　　五慾的牽絆，使人功夫不能成就。五慾，就是財、色、名、食、睡，大家都是沉淪在五慾中，爭名逐利，貪財貪色貪名貪食貪睡，不能精進用功，所以功夫難成。若能輕淡五慾，刻刻在心，時時意守神蓄，在動中求靜，定靜而後氣動，氣動而沉著，終而氣斂入骨，內勁成就。

第二十八章　牽動往來，氣貼背，斂入脊骨。

第一節　以「牽拖」引喻「牽動往來」

　　牽拖，台語之意乃是把責任推卸到別人身上，或沒把事情做好而遷怒別人。

　　練太極拳，則需確確實實做到「牽拖」，否則功夫很難上身。

　　如何牽拖？比如，你要做一個按掌，不能單靠手臂的局部力量出掌，而需靠肩牽拖肘，肘牽拖手，一節牽拖一節。手則靠腰胯牽拖，腰胯靠腿足牽拖。以外表肢體而言，全身動力在腳根，由腳根節節貫串，一節催促一節，而形之於手，形成一股完整的勁道，也稱為完整一氣，或整勁。

　　牽拖，是拖曳的意思，被拖著走，不是自己自動走，手被腰拖著走，腰被腳拖著走。牽拖的時候，要慢，越慢越好，越慢，氣感越大，越麻，越脹，越沉。好像打針，要慢慢的運使暗勁。

　　往前牽拖的時候，氣，循著相反的方向擠壓，形成一股自然的阻抗力，全身每個關節都有相對的二爭力，無令絲毫間斷。

一支水瓶，裝半瓶水，用手提著前後動盪，上提時水是往下流，下擺時水是往上流，都是反向而作，逆勢而行，打拳要去體會這個道理。

牽拖，最重要的是內氣的牽拖，外表肢體去配合，如果不以氣為動力，那只能算體操，練不出沉勁，練不出極剛強的內勁。

沒有牽拖，勁亦不Q；勁不Q，以後就不能打出寸勁、冷勁、脆勁。

腳根以意念沉入地裏，向下向後踩去，使身體向前牽拖，身體被牽拖而出，是整面整體的，根不能虛浮而起，要更沉，深入地心。

好像在水中泛舟，槳往後筏動，槳要沉進水中，划動需用暗沉之勁，將舟牽拖向前，順著水的勢力牽動舟身。

水有阻力，打拳猶似陸地行舟，把空氣當成水，自己要去製造一股阻力出來，要用身體去感覺，你感覺到了，東西就上手了，其餘的就靠自己的持續不斷，去累積功力。

太極前輩常謂「不用手」，意謂打太極是不用手的，手只是輕輕的，沉沉的捧在那邊，靠著腰腿來使運，靠著內氣來驅動。若是手主動，自動，沒有被腰腿牽拖，沒有靠內氣暗勁牽拖，那叫體操，不是打拳，那叫「舞」，不叫「武」。

牽拖時，內氣是鼓盪、摺疊的，筋須拉開、撐開、撐開，使筋脈奮張，活潑而有生機，而有彈力。

牽拖時，一處有一處的掤勁，全身處處不離掤勁，全

身之掤勁需互聯、互合、互隨，互相照顧，不使有斷續處及凹凸處。

牽拖至勁Q時，你腰一抖、一甩、一牽、一拖，空氣的氣流，會與你相感、相應，氣會被你拖著走，內外氣相合時，你一作意，內勁即可隨身而應，輕輕一頓、一帶、一採、一按，就能將對方全身撼動，到那個階段，到那個時節，到那個火候，才能體會甚麼叫神妙，甚麼叫不可思議。

牽拖，就是牽動往來，就是往復摺疊，把身體牽來動去，將肢體與內裡的氣牽引出來，牽動起來，使筋骨伸展開來，鬆開而富有彈性，使內氣在往復摺疊牽動中，因摩盪而生熱，使氣騰然起來，終而能氣斂入骨。

第二節　如何牽動往來

牽動往來，靠的是下盤的腳跟，也就是拳經所說的「其根在腳」，所有肢體的樞紐、原動力，都來至於下盤的腳跟，所以說下盤的樁法有何等的重要。腳跟的樁功要能入地生根，要能與地相密合，要能借地之力，運用二爭力，配合丹田之氣，由腳而腿而腰而手，節節貫串的整體牽動起來。

牽動往來，就像綵帶舞，手裡握的竹子輕輕揮灑，就能使整條綵帶如波浪似的牽動盪漾開來，綿綿不絕，舞去飛來，精彩無比。這綵帶舞的主軸樞紐在握竹的手中；太極拳牽動往來的主軸樞紐在下盤的腳跟，如果湧泉無根腰

無主，就無法牽動往來，無法牽動往來，氣就難以貼背，氣不貼背則難以斂入脊骨。

牽動，除了下盤的腳要有二爭力，連帶而上的，腰也要有擰轉互爭力，手也是要有互相牽動的阻力產生。牽動中的二爭力，及因二爭力所營造出來的阻力，有前後，有左右，有上下，及立體的迴旋路徑，不是單一面向的牽動，在往復牽動，來去摺疊當中，構築細膩、複雜、連結、錯綜交織的螺旋勁路。

第三節　氣貼背

氣是無形的質量，要去感覺氣貼於背，對初學者來說，似乎是蠻難的。氣貼背的感覺就好像一張氣膜，黏貼於背脊之間，有實質的感覺。

初學太極拳，有些人連手的氣感都沒有，就更不好談氣貼背的感覺。不過沒關係，太極拳不是一蹴可幾的，只要有恆心的練下去，遲早能掌握到氣感，慢慢地也能體驗氣貼背的感覺。

體驗氣貼背的感覺，配合太極拳的呼吸法，吸氣時，胸微含，背微拔，脊背軀幹微微曲伸，這是束身下腰動作，使氣由丹田通過尾閭，上行督脈，輸運於脊背，此時脊背會有些微緊緻的氣感，彷如一張「氣膜」貼附著，這就是「氣貼背」。

要使氣貼背的感覺更強烈，丹田的氣要飽滿凝結，靠著兩腳的二爭力暗勁，上傳至腰，腰的擰轉營造出的阻

力，因兩腳的二爭力暗勁的驅使，而使腰的擰勁更緊緻，更細膩，更強韌，在這些機制下，「氣貼背」的感覺，更明顯，更強烈。

躺在床上可以練氣貼背的感覺：平面仰躺於床上，全身放鬆，微微的、輕輕的、深長的吸一口氣，胸微涵，背微拔圓，使氣通透於背脊，與床面相貼合，床是有實質的物體，氣是無形態的能量，以無形的氣與有形的床面互依，可以去感應「氣貼背」的感覺，這是另類的假藉有形的物體，來體驗「氣貼背」的感覺，等待功力成熟，站著時，意念一帶，就能把氣運到背脊，在牽動往來中，即能氣貼於背，久練而斂入脊骨。

第四節　斂入脊骨

前面說過，骨有貯存功能，所以透過太極拳的修鍊，能使氣貯存於骨，謂之「收斂入骨」。

這一章強調的是「牽動往來氣貼背」，所以才說「斂入脊骨」。氣即能斂於脊骨，當然也能斂於全身，這是無庸置疑的。

練太極拳，在鬆柔中，在以心行氣中，可使血管擴張，血液循環加速而充足，由於意念的驅動導引，使神經電流貫入骨細胞內，造骨細胞獲得足夠養分與氧氣，能快速增生，使骨密度增加，這也是「氣斂入骨」的功能。

有西醫理論謂，刺激「筋緊張性纖維」可使血液流入骨內，使骨頭空隙縮小，骨頭就變重了，就是行功心解所

謂的「氣斂入骨」。

筋是一種含纖維的質體,在太極的修練當中,須將筋鬆開、拉開、撐開、擰開,這些機制就是刺激筋緊張性纖維,透過刺激筋緊張性纖維,而使氣血輸入骨內。由此可證西醫理論,與太極理論是不謀而合的。

第五節　斂入脊骨與力由脊發

在太極拳的行運當中,因為有牽動往來及往復摺疊等行氣運勁方式,也因腰脊的擰動與作意,使氣斂入脊骨,做為發勁的根本。

在第十三章中已有論述到「力由脊發」,因為發勁在上盤而言靠的是「力由脊發」,透過胛肩,由肩催肘,肘催手;在下盤的話,當然是其根在腳,發於腿的,是全身一貫的,上下完整的,不可分開斷離的。

力由脊發在形體上,是利用脊柱的旋轉摺疊來發勁的,從內裡而言,這個勁道是從丹田之氣引入脊柱而發勁的,所以雖說力由脊發,內裡是以氣勁為基礎的,不是由背部的肌肉來發力的。

脊背是督脈重要的通道,通過力由脊發的訓練,能打通督脈各節關卡,使氣勁得到增強。

脊背是上半身發勁的樞紐,是上半身的基座,透過丹田之氣做為根本,所以,在平常拳架的練習當中,利用牽動往來、往復摺疊的行功運氣機制,使氣貼於背而斂入脊骨,累積氣勁能量於脊骨中,做為日後發勁的資本。

第六節　　涵胸拔背與氣貼背

太極拳的涵胸拔背，不是凹胸駝背，而是自然狀態的鬆胸，與氣的拔貼於背。

涵胸的「涵」，為「水澤」很多之意，引喻船入於水而涵容之意。太極拳本身是一個圓，胸涵而成圓，涵胸的意思，是胸部可以像海水一樣包容一切外力的衝擊，將對手的來力引進落空而至消失，或虛化而連消帶打。

涵胸，胸涵而不挺，往下鬆沉，兩肩微向前抱，能涵胸，才能氣沉丹田。涵胸時，將左右胸肌往中收摺，好像把前胸貼向後背。

人體在放鬆時，胸椎有微後凸的自然生理弧度，與脊柱共同擔負緩和衝擊力與震盪力。由於胸部的放鬆所呈現的涵胸狀態，使背肌也此因而舒展張放，而形成一個拔背的姿勢，也使兩肩微微的向前裹合，構成一個極自然而放鬆的含胸拔背態勢，這是有利於全身氣血的運行，也含蓋了氣沉丹田，與下盤樁功的沉穩。

涵胸拔背，不是挺胸凹胸，不是駝背、彎腰。不要勉強的去凹胸、挺胸、駝背、彎腰，一切以自然放鬆為主。

拔背，是背部肌群的拉拔而引發脊柱的撐貼，拔背時兩肩與背脊呈現為向後圓拱的弧形，背部肌群會伸撐形成催筋拉骨狀態，背部有些微緊緻的感覺，好像一張氣膜貼黏於背脊，這種感覺就是「氣貼背」。

能拔背，則能力由脊發。拔背有助於整體勁力的發放，使發勁充分而暢透，若能掌握拔背涵胸的要領，在實際推手或實戰應用時，能使發勁更疾速，更冷脆，爆發力更強烈。

第二十九章　內固精神，外示安逸。

第一節　內固精神

　　精神，是指意識思維活動所展現的情緒與神采。情緒的好壞與神采的奕萎，決定於內裡氣機的強盛與衰竭。太極拳的行功運氣，可以促使神經活絡，筋骨堅韌，血液循環暢順，代謝正常，所以，於內可以固精凝神，內壯臟腑，使人精神抖擻，神采奕奕，於外可以健壯百骸，容光煥發，舒適安逸。

　　所謂「精神」是指精、氣、神而言。神依形而生，精依氣而盈，積精生氣，積氣生神，神、氣、精三者交互為用。

　　精、氣、神是人身三寶。精，有先天之精，稱之為元精，是生而俱來；後天之精是指一般所稱的精液。

　　氣，有先天之氣，又稱元氣，藏於丹田；後天之氣是指呼吸出入息的氣。

　　神，有先天之神，稱為元神，後天之神指的是識神。

　　精氣神三者，相輔相成，先後天也有互補作用。透過太極拳的修練，以心行氣，務令沉著，以氣運身，務令順遂，精神就能提得起，意氣就換得靈，神就能似補鼠之

215

貓，迴迴而靈。

第二節　外示安逸

太極拳的套路架子，是鬆鬆柔柔，溫溫和和，平平靜靜，安安逸逸的，都是從容不迫，不會有緊張的現象，不像有些拳術，總是張牙舞爪，怒目相向，一副虛張聲勢的樣子，太極拳這種外在的悠閒與安逸的表現，泰半來至精神的內固與氣的凝聚。

安逸，就是安閒舒適，自由自在；安，是安定、安全，安心，安泰，安寧，安康；逸，是和樂舒坦，心中無慮，無憂愁，無罣礙，坦坦蕩蕩。

打拳是一樁快樂的運動，應該是輕鬆自在的，心平氣和的，所以不必鼓力努氣，氣喘吁吁，面紅耳赤，不必一副兇悍跋扈的樣子。

某些拳術，是要刻意用力的，而且，用的力也大都來至手的局部之力，過度的用力，內裡的氣就會虛浮起來，連帶下盤的腳根也會飄浮上來，造成重心不穩，步法顯得呆滯而不輕靈；氣一浮起，就會發喘，增加心肺的負擔，無形中都是在間接慢性的損耗內氣，不是健康養生之道。

根據近代生物學家的觀察實驗，發現在脊椎動物中，心率的快慢與壽命長短呈反比。老鼠個性躁動，每分鐘心跳數百次，所以壽命只有兩年左右；龜類動物行走緩慢，心率也是緩慢的，故有千年壽龜。

現在各類體育競技，競爭激烈，都是以速度取勝，心

率皆界臨於極限，這與太極拳運動是大相徑庭的。太極拳的慢勻鬆柔，卻具有相當的運動量，心率也不疾速，所以能「外示安逸」，是正確也是正統的健康長壽之道。

　　太極拳，以心行氣，以氣運身，使內臟得到溫養健壯，是很好的養生方法，可以內固精氣神，外現安和逸樂。太極拳的鬆柔，可令神經、肌肉、筋骨舒展開放，使氣血通暢無礙，減少疾病的纏擾。身體健康強壯，展現於外的神采，當然是和樂安詳。

　　太極拳祖師遺論，「欲天下豪傑延年益壽」，不作爭強好鬥，違損健康之事。太極拳雖以延年益壽為目的，但在求延年益壽當中，卻含蓋了武術中技擊防衛的甚深武功，而且，太極拳能以柔克剛，剛柔並濟，性命雙修。

　　成就了太極甚深功夫，展現內在的膽識與外在的氣勢，含蓄而凜然，溫文儒雅當中含攝威儀，無慮無懼，一片祥和，這才是正真而無矯揉的「外示安逸」。

第三十章　邁步如貓行，運勁如抽絲。

第一節　貓之行

　　貓，出生大約7至14日就開始慢慢會爬行，到了第16天後就會搖搖擺擺的走路，第21天步伐就趨於穩健，以後就會越走越穩。

　　貓的骨骼比人類多，所以動作也比人類靈活。人的肩膀有鎖骨連著，不能靈巧的活動，但貓沒有鎖骨，所以行動敏捷，從高處摔下也能迅速轉身，平衡落地。貓的腳骨前肢，可在肩胛關節外旋轉自如，可在狹窄空間自由穿越和旋轉。

　　貓的足趾底部有軟軟的肉墊，所以行走時沒有聲音，而且動作優雅，在捕抓獵物時，不易被察覺。

第二節　太極拳的「貓步」練習

　　太極拳的邁步與一般拳術不同，一般拳術的步法，不論前進後退都是比較快速的，不像太極拳要求慢勻而輕靈，而且要虛實分清，不能疾速忽略而過，必須實腳踩穩，虛腳一分一分的踏出。

　　平常人走路都是一步接一步的往前走，身體的重心是利用移動時的速度，所產生的慣性作用在走，並無虛實之分，這種情況下，重心是沒有完全落實於腳底的，所以，利用到腳底的力量是比較少的，我們平常的走路，不能說沒有用到力，如果完全沒有用到力，腳是無法抬起舉動的，但是走路這種慣性作用的移動用力方式，並不能使氣下沉，是無法成就下盤功夫的。

　　要成就下盤的穩固功夫，除了站樁、拳架的練習之外，練習「貓步」不失為一個好方法。「貓步」的練習，兩腳與肩同寬，曲膝落胯，氣沉丹田。先坐實右腳，左腳輕輕虛提而起，左腳落步時必須左腳跟輕輕點地，身體其餘部位不可搖晃，然後右腳重心往前移至左腳，前腳一分實，後腳就一分虛，如是慢慢地轉移重心到前腳，當身體重心完全落實於左腳之後，再用同樣方法邁出右腳，如此一步一步向前行。

　　左腳邁出時要很輕靈，要有，如臨深淵、如履薄冰的感覺，先將左腿髖關節放鬆、再來放鬆膝關節、踝關節、腳背，然後腳跟慢慢著地，接著腳掌著地，最後腳趾著地，如此一步一步慢慢向前邁步。

　　練習貓步時，要立身中正安舒，鬆腰落胯，氣要沉，後面的實腳，要能支撐八面，步法要自然而輕靈，全身放鬆。

　　貓步，步法宜穩，宜輕，宜慢，慢工出細活，慢中練就輕靈，慢中練就沉穩；邁步若快，變成走路，無法成就功夫。

太極拳的運動量，決定於邁步的速度和步法的大小，貓步的練習，是在兩腳半蹲下腰束身的狀態下邁步，而且身體需保持在一個水平線上運行，行進的速度要極慢，而步法要大，如此運動量將隨之而增，如果行進的速度太快，而步法太小，則無運功之效果，無法達到下盤穩健之實效。

第三節　邁步如貓行

前一節所說的「貓步」練習，是一種下盤功夫的單練法，當貓步練習一段時日後，下盤已有基礎，在打拳架時，就要把這「貓步」實際應用到拳架當中。在太極起勢開架時，就要把「貓步」應用上來，在各個招式的行運演練當中，在往復摺疊當中，在牽動往來當中，在前進、後退、左顧、右盼當中，都是要「邁步如貓行」的。在虛實變化當中，步法之移動，不能忽略而過，不能隨便粗糙的跨過，前進時，必須後腳打實，前腳輕提足跟慢慢的沾地，慢慢的落實，這是展現太極拳的下盤功力，也是太極拳特有的風格之一。

內行看門道，外行看熱鬧，太極拳打的好不好，可從邁步是否如貓行來觀察鑑賞；太極拳初學者，步法總是飄浮不定，搖擺晃動，舉步輕率；相反的，功夫深者，下盤穩固，邁步慢勻而輕靈，瀟瀟灑灑，神意斂沉，意氣風發。

第四節　運勁如抽絲

運勁，是指氣斂入骨以後，內勁成長，此時必須透過「運勁」階段，才能百煉成鋼；如果，內勁還未成長，都還在「行氣」與「運氣」階段，不得謂「運勁」。

運勁就好像揉麵團，在麵粉加水糊合成團後，開始揉麵團，將粉團揉搓，壓按，摔打，再加水，再揉搓，壓按，摔打，往復不斷。久揉後的粉團，變成韌而有「筋」，富有伸縮彈性。

運勁就好像煉鐵成鋼，將熟鐵加碳放在火堆上燒，然後摺疊鍛打，再燒，再摺疊鍛打，再燒，經過千錘冶煉而成為極堅剛柔韌而有彈性的鋼，這就是百煉鋼。

運勁為什麼要如抽絲？

古人養蠶抽絲，織布做衣；當蠶吐絲成繭，經水煮，繭軟，以人工抽絲，抽絲有技巧，就是慢而勻，絲才能被抽出而不斷裂；同理，太極拳行運內勁，就像抽絲一般，要慢而勻，整而束結，內勁才能透過摺疊運為，使得內勁變Q變韌而有彈性，使內勁變得脆而結整，累積蘊藏而備用。

所謂「運勁如抽絲」，就是在運勁時要勻慢輕巧，蠶絲微細，所以抽絲時，宜緩宜慢，猶如行拳之運勁，小心翼翼。

太極拳之練習次第，應先慢練，先練體，功體成就後再練用；練用時，則可快可慢，在功體成就後再練發勁用

法。

某些人自創太極快拳，以為是種創見發明，事實上只是畫蛇添足，頭上安頭之舉。

太極拳原本能「以慢制快」，也能「練時慢，用時快」，也能「極柔軟，而後極堅剛」。練時慢，是練氣，沉藏內斂而成勁，是練體，是練內功。練體成就，透過用的練習，在用時，自然可快，隨心所欲。如果功體尚未成就，亦即慢的功夫尚未成就，柔軟的功夫尚未成就，運勁如抽絲的功夫尚未成就，就急著去練快速的打法，將會徒勞無功，而且練成拙力。

太極拳功夫成就時，是可以「以慢制快」及，是可以後發先到的，「後發」就是「慢」人半拍，雖「慢」人半拍，卻可以「先到」，這是快，這才是太極拳。

下一節將會附帶論述後發先到的理論

<h2>第五節　後發先到</h2>

後發先到，是比人遲緩發勁，卻能先到，聽起來總覺得玄妙，不可思議，很多人都是不相信的。

現在就來敘說後發先到的道理，先引用王宗岳先生的拳論：「斯技旁門甚多，雖勢有區別，概不外乎壯欺弱，慢讓快耳。有力打無力，手慢讓手快，是皆先天自然之能，非關學力而有為也。察四兩撥千斤之句，顯非力勝；觀耄耋能禦眾之形，快何能焉！」

這裡說明了力的強弱與速度的快慢，「是皆先天自然

之能，非關學力而有為也」，所以力的強弱與速度的快慢，並不能決定勝負，也不一定就能先發先到，搶快而致勝。

後發先到的條件有很多層次：

一、速度的快疾：

動作比人快，搶到先機，時間與空間先到位，這就是王宗岳拳論所謂的「手慢讓手快」的「快」，此乃「先天自然之能」，屬於一般層次水準的快，這種功夫只要常練打擊速度，運動細胞好的，很快就能上手。

二、截勁而入：

對方之拳將到未到之際，截住對方的勁路，使他的勁道被截於半途，無法全力盡出，而我方的勁道乘隙而入，搶先到位，將對方打出。

三、連消帶打：

亦即太極拳所謂的「化勁」。這個連消帶打，裡面有「化勁」、也有「接勁」。化勁是先走化了對方的來力，順勢回打，這層次還不算上乘。更上層者是敢於去「接勁」，將對方的來力「接住」，同時同步的瞬間剎那反射回去，這才是上品功夫，對方的來力越強，反射回去的勁道就越大，這才可謂「連消帶打」，「化打合一」。真正的上乘，是「不消不化」、「不走不架」、「不擋不格」。戚繼光《拳經訣要言》：「不招不架，只是一下，

犯了招架，就有十下。」形意拳所謂：「硬打硬進無遮攔」，裡面含蓋很深的道理。

「接勁」，不是硬接蠻幹，也不是用手去接。太極有所謂的「用手非太極」，狹義而言，是指打拳架，不是手主動主導，而是以身領手，以腳領手，不是局部的手動，這是狹義的說法；廣義的說法，乃謂在技擊時，不是以手在那邊格擋、招架，如果是格擋、招架的打法，不得謂之「連消帶打」，是屬於低層次的功夫。能用身體去化、去聽、去接，才是廣義的「太極不用手」。

真正的「化勁」是敢於去承接對方的強大的勁道，這不是耍強、耍蠻、耍狠，不是強、蠻、狠而得以致之的，裡面有很深的內涵。

「接勁」，不是用手去接，而是利用身體的每一部份皮膚、肌肉、神經的觸感反應去直接反射，更神妙的說法，要能去感應對方的呼吸，對方的氣，對方的神，也就是拳論所謂的「由著熟而漸悟懂勁，由懂勁而階及神明」的境界。

「接勁」的前提是，腳要有根，將對方來力接入腳底；手要有掤勁，也是將對方的來力藉手而接入腳底；丹田要有渾厚的「炁」，及靈敏的氣感，才能聽到對方的呼吸，感應到對方氣的起伏脈動。

所以，後發先到，上舉三種條件都須具備，你可以用「速度的快疾」搶得先機，動作搶先一步，較快的搶入。

你可以「截勁而入」，但截勁而入是有條件的，你得有足夠的膽識，否則見人一拳打來，閃躲猶恐不及，哪還

敢截入。而膽識不是逞匹夫之勇，是成就了勝妙的高深武功，所呈現的勇者無懼的智慧，不怒而威的沉靜氣勢。

　　你要會「連消帶打」，學會化勁與接勁，化勁與接勁的前提是「聽勁」，進而「懂勁」，然後「階及神明」。

　　「後發先到」的先決條件，是「慢練」，透過行功運氣的「慢練」，透過「運勁如抽絲」的「慢練」，使內勁凝結完整，使內勁韌而Q起來，透過「聽勁」的「著熟」而後進入「懂勁」階段，自然水到渠成，自然能「後發先到」。

第三十一章　全身意在精神，不在氣，在氣則滯；有氣者無力，無氣者純剛。

　　行功心解全文之軸心，幾乎是圍繞著「氣」而作論述，那麼在這邊，為何會說：「全身意在精神，不在氣，在氣則滯」，如果是依文解義，是有矛盾與衝突的。

　　這裡所謂的氣，是指後天的蠻力而為之拙氣，是一種呆滯、浮躁、不順、兼有粗暴的氣，這種氣是混濁不順暢的，所以如果鼓運這種拙力的不順之氣，身體就會虛浮遲緩結滯不靈，故謂「在氣則滯」，用這種粗暴之濁氣拙力練拳，自己覺得有力，其實卻是無力，因為無法產生綿柔的內勁之故，無法發出極堅剛的內勁之故，故謂「有氣則無力」；若無蠻拙氣，則生綿力，意到氣到，氣到勁隨，故謂「無氣則純剛」這裡所說的純剛，是指極堅剛的內勁，不是頑剛的拙力。如果將蠻拙之氣誤解成致柔之氣，則成「差之毫釐，謬之千里」，不可不詳辨焉。

　　「在氣則滯」的「在氣」，是指一般練硬拳的用力方式，或雖然是練太極拳，卻沒有走鬆柔路線，練成頑力頑剛，或者行功運氣太刻意，使氣停滯不順或爆衝過度，致使氣浮、氣躁、氣亂，而造成身體的傷害。

　　方法不當的「在氣」，與過度而刻意的鼓氣使蠻力的

「在氣」，都會滯礙氣的流行與斂聚養成。太極拳講求的是「神舒體靜」、「心平氣和」、「極柔軟」與「外示安逸」的，如果刻意的「在氣」或「鼓運不當之氣」，則將與太極拳理論目標背道而馳。

某師謂：「很多人誤解『以心行氣』是要注思著氣來率領氣的運行或心與氣並守於丹田，其實，『行功心解』最後有說：『全身意在精神，不在氣，在氣則滯，有氣則無力，無氣則純剛』，亦即太極拳練到全身骨骼之中彌充氣與勁，則其人對其身體的感覺，就不像是肉體的存在，而是像精神的存在了，這也就是『全身意在精神』所言的狀態，簡言之，就是練拳時，只要集中精神練拳即可，千萬不要把心思放在掌握內氣在體內的運行上，否則就會有走火入魔之危啊！畢竟，練太極拳之人倘還覺得有氣，則他的太極拳是還不能用的；一旦他已不具有氣的感覺了，則他的太極拳就已變成無堅不摧的純剛了；而這也就是『有氣則無力，無氣則純剛』這兩句話所說的真正意涵啊！」

此論值得置喙，行功心解所謂「全身意在精神，不在氣，在氣則滯；有氣則無力，無氣則純剛」。這兩句話所說的「氣」是指「尚力」所形成的「濁氣」，也就是一種拙力所帶出的拙氣，用了拙力、僵蠻力練拳，就是所謂的有（拙）氣，有（拙）氣則「無力」，這邊所說的「無力」，是指不能成就「內勁的意思」，亦即謂若用蠻拙之力練太極拳，無法成就太極功體，無法成就內勁。「無氣則純剛」，是說練太極如果以鬆柔的方式去「以心行

氣」、「以氣運身」，拋棄了蠻力拙氣，才能成就純剛的內勁。

初練太極，須專氣致柔，專心一意的將心與氣相依相守於丹田，有了這樣的專氣，才能日積月累的將氣匯集而收斂入骨，成為至柔純剛的內勁，所以，只有「專氣」才能有「致柔」的境地，只有「專氣」才能成就至柔純剛的內勁。

「全身意在精神，不在氣，在氣則滯。」這邊所說的「在氣」是指「蠻力拙氣」而言，因為（正）氣是與精神同在的，有了（正）氣才有精神的存在，有精神有必定有（正）氣的存在，精神與（正）氣是不能分開的。所以說，「全身意在精神，不在氣，在氣則滯。」這裡所說的「氣」是指「蠻力拙氣」而言的。

在行功心解裡面，說到很多的「氣」，而這個「氣」是有正氣與拙氣之分，若是都把它當成正面的氣，讀起來就會有前後矛盾的現象。所以，即使「太極拳練到全身骨骼之中彌充氣與勁」，仍然會有氣沉、勁沉的狀態與感覺，不會說在身體上完全無這個氣、勁的感覺，也不會說純粹只有精神的存在，而不像是肉體的存在，因為精神與肉體是並存的，是不可分離的。

若說：「練拳時，只要集中精神練拳即可，千萬不要把心思放在掌握內氣在體內的運行上，否則就會有走火入魔之危。」這是值得琢磨的。如果，練拳只要集中精神即可，那麼集中精神，是為哪樁事？集中精神後面的內涵是些什麼？一定有很多的內涵融入在行拳走架之中，否則，

這個集中精神，也只是一個空洞的名詞而已，也只是一個空中樓閣而已。若「不把心思放在掌握內氣在體內的運行上」，那麼，練拳是在練什麼？只是集中精神在那邊比手畫腳而已嗎？

行功心解開宗明義的說：「以心行氣，務令沈著，乃能收斂入骨；以氣運身，務令順遂，乃能便利從心。」若不以心行氣，而令沈著，如何能收斂入骨？若不以氣運身，而令順遂，如何能便利從心？

所以，以心行氣，以氣運身，是成就太極的重要法門，如果不是刻意的去努力鼓氣，應當不會有所謂的走火入魔的嚴重危險後果。

所以，說「練太極拳之人倘還覺得有氣，則他的太極拳是還不能用的；一旦他已不具有氣的感覺了，則他的太極拳就已變成無堅不摧的純剛了；而這也就是『有氣則無力，無氣則純剛』這兩句話所說的真正意涵啊！」這樣的說法，是值得推敲的，這是依文解義，依字解義，會錯了行功心解真正的意涵了。

個人以為，練太極拳之人若覺得自己沒有飽滿厚實的氣及沒有沉斂的內勁，那麼他的太極拳才是真正的不能用；如果說，練到不具有氣的感覺，他的太極拳就已變成無堅不摧的純剛了，那也是不合邏輯的，即無氣，哪來成就內勁？若無內勁，哪來無堅不摧的純剛？

讀經看論，不能依文解義、依字解義，也不能斷章取義或斷句取義。行功心解一直以氣、勁為軸心而開擴深廣的論述，一定是能前後貫串相通的，若是前段明說細述，

以練氣為成就內勁的不二法門，到後段卻自語相違的說「在氣則滯，有氣則無力，無氣則純剛。」之語，那豈不是自打嘴巴，拿石頭砸自己腳跟嗎？由此可證，行功心解後段所說的「有氣則無力，無氣則純剛」的「氣」，是指拙氣，不是前段所說的以心行氣、以氣運身的正面之氣，這樣的解釋，才不會有前後矛盾之處，才不會誤會祖師之意，也只有實證功夫的人，才能讀懂前輩們留下來的寶貝經典，融會貫通。

「全身意在精神，不在氣」，精神是一個抽象名詞，精神，包含精、氣、神三者，所以，這邊所說的「全身意在精神」的精神，當然已含蓋了正面的「氣」在內，既然已含蓋了正面的「氣」在內，後面的那句「不在氣」，就是指負面的拙氣，而不是正面的氣，這樣解釋，整句文辭才能說得通，才不會有矛盾之處，才不會有自語相違之處。

行功心解謂「神舒體靜，刻刻在心」，這個刻刻在心，就是提醒大家，練拳要時時刻刻把「以心行氣」、「以氣運身」的意念，刻刻的放在心上，時時刻刻的心息相依，行住坐臥不離「這箇」，不離「氣守丹田」，就像母雞孵蛋，寸步不離，也就是丹道所謂的「不可須臾離之」之意。練太極拳必須神舒體靜，刻刻在心，精神與肢體皆須鬆柔安靜，最重要的是「刻刻在心」。

十三勢歌云：「刻刻留心在腰間，腹內鬆淨氣騰然。」如果沒有刻刻留心在腰間，沒有把氣沉守於腰間的丹田，如何能達到腹內鬆淨氣騰然？如果沒有氣騰然，如

何收斂入骨？如何將氣匯聚成極堅剛的內勁？所以，說：
「只要集中精神練拳即可，千萬不要把心思放在掌握內氣在體內的運行上，否則就會有走火入魔之危。」與行功心解所言是背道而馳的，沒有內氣在體內的運行，是無法達到「氣騰然」的，也無法收斂入骨成就純剛的內勁。如果，「只要集中精神練拳即可」，那麼，集中精神的內層是什麼內涵，不就成為空洞的「頑空」了嗎？如果，「把心思放在掌握內氣在體內的運行上，就會有走火入魔之危機。」那麼，練太極拳，到底是在練些什麼？如果，「把心思放在掌握內氣在體內的運行上，就會有走火入魔之危。」似有危言聳聽之疑，如果真的內氣在體內的運行上，就會有走火入魔之危，誰還敢練太極拳？

《金剛經》說：「汝等比丘，知我說法如筏喻者，法尚應捨，何況非法。」以心行氣，以氣運身，氣沉丹田等等，都是修練太極拳的「法」，等有那麼一天，鍥而不捨，堅持不退而練就了太極拳的功體，成就了純剛的內勁，此時再來與人說：「法尚應捨，何況非法。」

如筏喻者，乘筏已度過彼岸，那個筏就可以丟棄了，不必一直背在身上。但是如果還未到達彼岸，還是得老實練拳，規規矩矩的按照經論及行功心解的方法，去以心行氣，以氣運身，庶幾而能有所成，到了這個境地，才能「全身意在精神」，因為，功體已經成就了，只要意在，氣就在，只要氣在，勁就在，只要一「作意」，意念一提，或不提而提，不念而念，「意」依然宛在，此時也無需再「意在精神」，已經達到隨心所欲的化境之中，要修

練到這個境界，才能像老前輩所說的：「有拳有意都是假，技到無心始見奇。」要有這樣的境界，才來與人說：「如筏喻者，法尚應捨」這樣的話。

如果，功夫還不到那個境界，還未到達彼岸，而語人謂要捨棄那個度河的筏，那麼，要達到彼岸，要成就太極拳之純剛功體，將成為痴人說夢。

第三十二章　氣若車輪，腰如車軸。

第一節　氣若車輪

　　車輪，是輪子外圍的圓弧。所有的輪子都是圓的，圓的才能旋轉滾動，速度才能快疾而無阻礙，即使碰到頑石擋道，也能圓順而過。

　　太極拳的走架招式，在牽動往來及往復摺疊當中，都是呈圓弧路線的，不僅可以借力使力，達到省力原則，也因為走圓弧路線，而使氣血更加順暢，在摺疊牽動當中，更增加氣的彈性與膨脹力。

　　古時的車輪是木頭做的，要靠人力或動物來牽拖驅動，最能使車輪快速奔馳的就是馬，所以馬車可做為運輸之用。

　　如今，科技發達，車輪可用鋼圈加上充氣的輪胎，因為輪胎裡面有氣的張力，使得載動力更為輕靈，跑起來更加快速。

　　人體是一個小太極，處處有圓，打太極拳要處處呈圓，大圓含蓋小圓，小圓引動大圓，形成一個立體交織螺旋錯綜的渾圓狀態，由各體的圓輪互相連結、交溝，成為一部結構完整而能靈活運轉的活動機體。

　　以現在的科學觀，來引喻「氣若車輪」，更為貼切。以前的車輪大部分是木製的，所以比喻只能做呈圓之解，因「圓」能圓順省力，動轉流利圓滑。現在的車輪，是充氣的，在圓中又充滿著氣，它的結構及張力、彈性等作用，遠非木製車輪所可比擬。

　　將車輪騰空，輪的軸固定好，快速用力旋轉牽動車輪，車輪就會快速動轉起來，在呈圓的旋轉中，氣流會被引動而跟著旋轉。

　　打太極拳，動作是雖然是極慢的，在極慢當中，因為空氣有磁場阻力的關係，加上我們意念的牽引，以心來行氣，以內氣引動外氣，所以也能把外在的氣引動起來，內外相合，產生氣流，引動磁場。

　　「氣若車輪」，是說打拳，氣要圓順、圓滑，要圓融、隨順，不要拖泥帶水，不要直來直往，不要呆滯不靈，不要像機器人，一板一眼的。

　　一部車子，車輪傳動的力源是馬達，但馬達只是驅動輪胎的轉動，即使將馬達不斷的加強出力，車輪只會打滑，無法提升加速能力。車子真正加速的力量，來自於車輪與路面之間的阻力、摩擦力；如果摩擦力很強，但馬達出力不夠，車子也動不了，反過來說，如果馬達出力足夠，但阻力摩擦力不足，車輪只會打滑空轉，無法達成加速力道。所以要增加速力、牽引力，需要考慮下壓力及摩擦係數，而不是裝用強大的馬達就可以致之的，兩者必須互稱互配。

　　太極拳的發勁，與車子的原理相同，它的傳動的力源

是丹田之氣，它的阻力摩擦力在腳跟，打人的手或肘或肩等等就是車輪。如果內勁很大，但是發勁打出去，沒有腳跟入地的暗樁之阻力、張力、反彈力，那麼，那個勁打出去，是沒有壓縮力，沒有擠迫力，勁道是不能入裡的，是不能深及內臟的，它只是把人打退出去而已，是沒有爆破威力的。

反之，如果只是樁功很強，能入地生根，下壓力及摩擦阻力都很好，但氣沒有斂入骨，沒有生出內勁，丹田之氣沒有凝聚飽滿，就等於沒有馬達力源，也是起不到發勁的作用。

第二節　腰如車軸

車軸，是車輪的軸桿。如果只有車輪而沒有軸桿，這個車輪就會東倒西歪，搖晃不穩，失去平衡。

現在汽車的車軸是兩輪之間的橫軸，藉由方向盤的操控，而駕馭車子的左右旋轉。

腰，是一身的主宰，腰動而身動，身動而手動，節節貫串。腰就像車子的軸桿，主宰著身體的動向。

太極拳必須以腰為主宰帶動身體，才能做到一動無有不動。因為人體的重心在腰部，腰胯是帶動全身的動力，身體的各種動作，都是靠腰胯的帶動，才能有完整的力量。

為什麼要以腰帶動身軀？因為由腰胯所帶動引伸完整一氣的動能最大，局部所產生的動能較小。

　　腰的動力來至於腳，是其根在腳的，要依藉下盤的腳根打樁入地所產生的反彈力來使腰的。所以，雖說「腰如車軸」，而這個軸的動能之源，還是要依附於丹田之氣及腳根借地之力所引發的阻力、張力、彈力，內外相合，上下相隨，才能有完整的勁道。

第三節　太極之腰

　　太極十三勢歌云：「命意源頭在腰際」，又說：「刻刻留心在腰間」，可見「腰」在太極拳中所佔的重要地位。「命意源頭在腰際」，這是說，生命意趣的源頭是在腰際；腰際就是指「丹田」，又稱「氣海」，是貯藏儲存「炁」的地方，丹田之氣凝聚飽滿，生命的趣機就會如山頂源頭之水，源源不絕的流注，不會斷絕，生命之活力才可以延綿長久。

　　所以日常生活之中，就得「刻刻留心在腰間」，時時刻刻的留心在腰間，留心哪一件事呢？把「炁」用心的留守在腰間的丹田，也就是「意守丹田」，「氣沉丹田」的意思，因為丹田之氣乃是生命源頭的所在。只要能將「氣」用心、用神意守在丹田處，這個身內的氣就不會散漫，不會往外放馳，不會流失，這個寶貝的氣就會乖乖的沉聚在丹田氣海之中。

　　孟子說：「氣以直養而無害。」氣越充足飽滿凝聚，對身體只有好處，沒有害處，人身如果缺乏了這寶貝的氣，生命就會終結；氣的機能不足，就會體弱多病。

太極十三勢歌開頭即點出「命意源頭在腰際」，已然明顯的說明，腰際丹田之氣的重要，因為腰際丹田就是生命的源頭，想要把握住這命意源頭，就得「刻刻留心在腰間」，而且要「氣遍身軀不少滯」，透過以心行氣、以氣運身的太極心法，使這個氣能通透全身而不滯礙。那麼，要如何才能「氣遍身軀不少滯」呢？

只有「勢勢存心揆用意」，在練拳架或基本功時，每一招每一勢，分分秒秒，剎那剎那，都要存心用意的認真施練。道家說：「道者，不可須臾離矣」，又說：「行住坐臥，不離這個箇」，這都是在指說「意守丹田」、「氣沉丹田」之意。

太極體用全歌云：「湧泉無根腰無主，力學垂死終無補。」「湧泉無根」，是指下盤沒有根基，沒有基礎。下盤，是人體的基座，基座穩固了，太極的功體基礎才算有個初步的成就。湧泉之根，下盤之基礎，要靠站樁來達成。樁功，有固定的站樁，及活步樁；活步樁是指拳架活動，勢勢招招之中，都有樁法的存在，都有樁功的練習，每一招都有樁法，每一勢都有樁功，不是膚淺粗俗的比手畫腳運動體操而已。

「腰無主」，是說，腰沒有主宰。腰以什麼為主宰呢？以氣為主宰，如果沒有透過「意守丹田」、「氣沉丹田」的長期修練過程，丹田之氣不能凝聚充足飽滿，這個腰就無法作主，不能以意念去主宰腰的運行，無法發勁，無法接勁。

如果練太極拳，沒有練到「湧泉有根，腰有主」，都

只是天馬行空，都只是空中閣樓，那麼，練拳一生，到老、到死，終究得不到一點補益，終究是被人所貽笑的花拳繡腿。湧泉之根，下盤的基座，也是靠丹田之氣的補養、運輸，沒有丹田之氣，這個基座的樁功也是無法成就的。

所以，一切功法，都是以腰為主宰的，所有功架的練習及發勁之用法，都是主宰於腰的，這個腰是指丹田，不是俱指腰圍，不是肢體上的腰部，它是指內的，不是指外的。若是體會錯誤，將是「失之毫釐，謬以千里」。

太極拳經云：「其根在腳，發於腿，主宰於腰，形於手指；由腳而腿而腰，總須完整一氣。」腰是可以貫串其根的腳及所形的手指；其根在腳，發於腿，形於手指，是指外在的肢體而言，主宰於腰，是指丹田之氣。無論行功走架，或是發勁接化，不能缺少這個丹田之氣。會發勁的人，只是丹田之氣一凝一聚，下盤之根打入暗樁，勁已爆破而出，外表形體是看不到些微動作的，如果還有手腳的使力推出動作，都還是功體內勁未成就之人。

行功心解云：「氣如車輪，腰似車軸。」這句話如果依文解意，就會有矛盾不通之處，這邊所說的腰似車軸的腰，是指丹田之氣而言，是以丹田之氣為主軸，以丹田之氣為軸心，帶動出外表形體腰圍的氣場，這個氣場像車輪一般的滾動；也就是以在內的丹田之氣為軸心為向心力，引動在外的車輪腰圍為離心力。

無論行拳走架或發勁，這樣解釋才說得通，若依字面去求解，就會產生矛盾，因為字面上的腰在外圍，無法做

為內面的車軸，只有內裏的丹田之氣才能做為軸心，做為主宰。所以，讀經看論，這個「腰」字，有時是指丹田的。

太極拳論云：「立如平準，活似車輪」，這邊所說的「活似車輪」，是指在外的形體上的腰圍，是指肉體的腰部。腰部要活似車輪，那麼靈活輕巧，當然依舊要靠在內的丹田之氣的靈活鼓盪作用，才能使在外的形體上的腰部，跟隨著連動起來，靈活起來。

外圍腰的靈活，要靠下盤樁功的穩固，暗樁能打得入地，還有其根在腳的二爭力，但這個二爭力及打樁，終究還得靠丹田之氣的驅動才能完成。所以，丹田之氣，是太極功夫的主宰，是所有內家拳功夫的主宰。

有了丹田之氣為主宰，樁功才能成就，樁功成就，才會打暗樁，才有二爭力的暗勁產生，下盤之根有二爭力的暗勁產生，才能驅動外腰的靈活，才會有「蒼龍抖甲」的抖勁功體，在發勁時，才能疾速的，才能迅雷不及掩耳的，才能說時遲那時快的意到、氣到、勁到，才能「後發先到」的完整一氣的引出驚心動魄的爆發力。

「爆發力」是丹田之氣的作用，不是一般硬拳所使的蠻力硬力，練硬拳的人一直以為力量加上速度的結合，就是爆發力。這與太極之「丹田之氣」所引生的爆發力，是截然不同的，是天差地別的。

太極之勁，純是「丹田勁」，是丹田之氣的「氣爆」，是剎那引燃，不需依藉速度與距離，所以能「後發先到」，制敵機先。

太極經論、行功心解，常常說到「腰」、說到「氣」、說到「勁」，這都是在闡述「丹田之氣」，都是「丹田之氣」的引伸，所以這個「太極之腰」，這個「丹田之氣」，是太極功夫的軸心，太極拳的所有一切，都不能偏離這個軸心，若離開這個軸心，若偏離這個軸心，那麼，拳練一生，終將唐捐其功。

第三十三章　彼不動，己不動；
　　　　　彼微動，己先動。

第一節　彼不動，己不動，
　　　　就是以靜制動

　　彼不動，己不動，就是以靜制動，靜觀其變，以不變應萬變，是一種靜定的功夫。彼不動，己不動，是指用法，是與敵對陣時的一種態勢。

　　為什麼彼不動，己也不動？因為先動的一方，會預漏破綻，譬如，舉手先打人，手一舉就露出空門，使敵有可乘之機。功夫深斂者，都有定靜功夫，不會先動或躁動，不會輕舉妄動。

　　以靜制動雖然是一種臨敵冷靜，處變不驚的狀態。但太極拳中之「彼不動，己不動」的「以靜制動」機制，並非局限於敵我分開，尚未接觸的狀態。在太極拳功夫中，也有雙方接觸式的「以靜制動」，例如太極推手或散手實戰中的「敷鎖、搭黏控制」等手法，也是含蓋在「彼不動，己不動」的「以靜制動」的機制當中。敷鎖、搭黏控制的手法，是一種「聽勁」及「懂勁」功夫，是在對手貼進己身時，以手或身子去輕輕沾敷對手，黏控對手，而達到探知敵情的虛實動向，這是一種動態中的「彼不動，己不動」之「以靜制動」，是在敷鎖、搭黏控制的動態中的

「以靜制動」，待敵之動，而後動。

第二節　彼微動，己先動，就是制敵機先

彼微動，己先動，意思是說對手在微動或躁動中，露出破綻、弱點或有可乘之機，己方即把握機先，在對方行動之前，先壓制、控制住對方，也就是制敵機先的意思。

制敵機先有三大要素，時間、空間、機動，為實戰中爭取先制之三大條件，三者必須密切配合。

「彼微動，己先動」是一種截勁，在彼力將到未到之剎那，截住彼勁，將其勁源黏封，趁對方過河一半，打他個措手不及，反打回去，搶得先機。

太極拳的機先是指聽勁懂勁的靈敏，不純是外形肢體的搶先，對方如果未動或被引動，自己是不會自動的，對方微動，我「意」先感知，然後意到氣到勁到的借彼之力，將彼打出。這是以意念敷蓋對手，用意氣掌控彼方的一種制敵機先。

第三節　彼不動時，如何「引」與「合」

十三勢歌云：「引進落空合即出，沾連黏隨不丟頂。」

「引進落空合即出」，幾乎每個練太極推手的人，都能朗朗上口。看起來好像很簡單，只要將對手引進來，使他落空，然後打出去。但是一般人往往忽略了後面那句「沾連黏隨不丟頂」。

引進的時候，如何讓他落空？落空了又要「合」上，這才是大學問。

如何「引」？如何「合」？裡面有很深的功夫，不是口頭說說「引進落空」就能「合即出」。

「引」，看起來好像很容易，其實是非常困難的。如何「引」？怎麼才能把對方引動，牽動，讓他入於彀中？你要引他，他一動也不動，將是如何？聽勁好的，你引不動他，他不會輕易中你的計；聽勁差的，因為反應遲鈍呆滯，無知無覺，無所反應，你也難以引動他；那些頂牛鬥力之輩，一搭手就死纏胡打，好像又很難找到有「引」的時機。

練家子，就能善用這個「引」，不管你先動或不動，或死纏爛打，都可以藉機藉勢把你引進落空，然後將你打飛出去。你明知他在引你，他在設計你，挖一個洞讓你跳進去，你還是會乖乖的跳進去，入於他的彀中，就是這麼神妙，讓人稱奇驚嘆。

「引」，裡面有很深的奧秘，牽涉到「聽勁」與「懂勁」的層面，聽勁不好，不能懂勁，是無法引動對方的，有時不引還好，一引反而讓對手趁虛而入，變成敗勢。

彼不動的時候，怎麼辦？就來個「彼不動，己不動」，兩方僵持著？

彼不動，如何讓他動？裡面牽連到虛實變化的微細功夫。彼不動，我就是能讓他動，虛招一引，他必然會有所反應，一有動，即可從他的動中去探究虛實，去「聽」他的動向，他虛我就實打，他實我就變虛，在虛虛實實當

243

中去尋求變化反應，聽勁好的人，懂勁的人，就知道怎麼打，怎麼應對變化，怎麼在虛實當中去討消息。他如果化，我就順勢打，他如果頂，我就虛落一下，引他進來，再打。

　　彼一動也不動之時，如何引動他？只要輕輕出手按他，或稍微用暗勁按他，按時會有一個反射動作會出來，你用暗勁一按，他的身體會往前傾，也就是會向自己的方向傾過來，這是其中的一種「引」，也是較難的一種「引」，這裡面是有功夫的，按的時候如何讓對方身體傾過來，被我「引」進來，這牽涉到用「勁」的技巧，這個「勁」打出去，勁道的強弱與快慢，他的節奏及流暢度，都會使「引」的動作產生不同的機制。會「引」的人，「引」過來，剛剛好，引過來剛好被我打，一絲一毫也不差，就是這麼神奇。

　　引進落空後，還有「合」，「合」就是貫連接上的意思。如何「合」的恰分，如何「合」的恰到好處，都是技巧。引進來，如果沒有很好的「合」，這個發勁，依然不能起作用，不是打空就是有「頂」的成份，有「頂」就是「拙力」，拙力就不能省力，不能發出彈簧般的巧勁，不能算是會發勁的人。

　　這個「引」進落空的「合」，更含攝了極高度的聽勁與懂勁，沒有懂勁，就「合」不密，「合」不到位。

　　時間和空間都要掌握到精密準確，才能「合」到，才能合即出；快一絲，慢一毫，都將失去發勁的機勢，只能變成挨打的架子。

　　引進落空合即出，下面還有一句「沾連黏隨不丟頂」。引進了，還要沾黏著，還要連隨著，有了沾黏與連隨，才能「合」到位。但是，這邊還有更深度的說法，因為拳法無定法，引進的時候，卻不一定是都要沾黏到對方的，雖然當中沒有沾黏，但對方的動作依然是在時空的控制與節奏律動的掌握當中，這並不算是一種「斷」勁，不算是「丟」，而且這功夫算是更高度深廣的，因為已然擺脫了一般的平常固式的功夫層面，進入了深不可測的神妙境界。

　　所謂「不丟」，並不是死死的纏黏著對方，在連隨當中就算是有了隙縫，但只要對方的律動節奏依然在掌控當中，可以隨時隨意的綿接而上，這並不算是「丟」的。好像很少聽到這種論述，但事實上，高手是能夠達成這樣的境界功夫，這也是行功心解所說的「斷而復連」、「勁斷意不斷」的境界。

　　「頂」，也不一定是侷限在用力死頂，或頑抗。在引進落空時，如果在接合時，時間與空間不搭順，快了半拍，就算是有「頂」的成份在內了，這是比較廣義的說法，所以，「頂」並不是指有形的抗拒與頂力，在聽勁不敏的情況下，往往就會有「頂」的情形，只是自己沒有察覺這微細的動作而已。

　　再說「合即出」。「合」與「出」是一體的，不是二分法，不是兩個東西，不是兩個動作，如果是「合」了再「出」，中間有所分離、斷續，就談不上完美的發勁，也就是說，他沒有發中那個勁。「合」與「出」，雖然是有

「蓄勁」與「發勁」兩個動作，兩個作用，但它是連貫而不分離的，所以「合即出」是一拍，是一個動作，同時同步完成。這樣，才不會牽連到「丟」與「頂」兩個敗闕。

「合即出」，又牽涉到摺疊的問題，以及彈簧勁的問題，會發勁的人，知道藉著摺疊的彈勁，省力的將對手打跌奔放出去，這才是真正的「合即出」。如果還在那邊靠著滿身蠻力，使出吃奶之力才將人「推出去」，都還不算是好功夫的。

摺疊又牽涉到下盤的樁功、手的掤勁，以及不為人知的氣的摺疊。說到氣的摺疊，層次更深細了，很難用文字語言詳述清楚，只能由老師心授默傳。

在散打時，「引」的用法，更深更廣。你虛晃一下，對方就會舉手來招架，你如果會「沾連黏隨」，他就是你的，藉著聽勁，可將對手玩控於掌中。

雙手沾黏著對方，突然一鬆一放，就可輕易引動對方，使他的手隨著引動的方向而牽動。在散打這邊的引，不一定是全然的引進，有時是引上或引下，或左或右，隨心所欲。

高手的「引」，是千變萬化的，讓你捉摸不定，虛虛實實，假假真真，虛中有實，實中有虛，假中有真，真中又可變假，使你如墜入五里霧中，搞不清方向，只能被牽著鼻子走，只有挨打的份。

「彼不動，己不動」，靠著引與合而變為主動；「彼微動，己先動」，須有懂勁功夫，才能「後發先到」，制敵機先。

第三十四章 勁似鬆非鬆，將展未展。

第一節 勁似鬆非鬆

勁的鬆，並非鬆散、鬆懈、鬆弛，並非像洩氣的皮球，軟趴趴的。真正的鬆，含蓋意氣的流露，內勁的盪動，下根的盤踞如山，腰、腿、腕、掌的擰、纏、扭、彈等等。鬆，只是外表看來似鬆，而內裡則是摧筋拉骨的，是含蓋著氣的驅動與全身二爭力的抗衡的。

太極拳論有一句話：「無過不及，隨曲就伸。」意思是說發勁要剛柔並蓄，不能太剛直，也不能太鬆軟無力，過與不及都是不可以的。所謂隨曲就伸，就是曲中有伸展，曲蓄而有餘的意思。

行功心解說：「發勁須沈著鬆淨，專主一方」。發勁在鬆淨不著拙力之中，氣是要沉著的，沉著，氣才有所依附，才有根，才能借力使力，發勁是「似鬆非鬆」的，內勁雖然眼睛看不見，但確實是有質量的東西，並不是鬆懈空洞無物的，而是棉裡藏剛的。發勁，全身雖然要放鬆不著拙力，但鬆並不是垮掉，垮掉就沒有支撐力了。

發完勁時全身還是鬆的，如果覺得全身變緊，是因為用到蠻拙力的關係，還有就是本身內勁尚未成就，樁功尚

未成就，不會打暗樁，沒有辦法借力的關係。勁的鬆是彈簧的鬆，鬆中而富有彈力，能夠支撐八面，如果樁功沒有練就，腰胯就沒有主宰，則謂之「湧泉無根腰無主，力學垂死終無補」，這是太極體用全歌裡面說的。所以，想要會發勁，還是從最基本的樁法起練，還有手的掤勁及氣的凝聚養成等等著手。

太極拳的鬆，是全身俱鬆，是節節貫串的鬆，是完整一氣的鬆，不是只有局部片面的鬆。太極拳發勁的力源是丹田之氣，如果丹田之氣不鬆，在發勁時刻意去鼓氣努力，就會變成「在氣則滯」，就會變成「有氣則無力」，因為這個氣是拙劣的，是蠻橫的，這個拙氣所使運出來的勁道反而會形成滯礙的。

行功心解說：「腹鬆，氣斂入骨。」這是說使運丹田之氣，要用鬆柔的方法行之，才能「腹內鬆淨，氣騰然」，氣騰然才能氣斂入骨，匯聚成柔韌而堅剛的內勁。

太極拳雖然處處說要鬆柔，但是鬆柔之中，內裡是含剛的，是要剛柔並蓄的，是陰陽相兼的，如果純柔則偏陰而缺陽，如果純剛則偏陽而缺陰，陰陽不濟，不能懂勁，陰陽相濟，方為懂勁。

在行拳走架當中，不是軟綿綿，鬆垮垮的，內裡是催筋拉骨的，處處含蓋著立體的二爭力而呈螺旋圓弧對立的，藉著二爭力的拉鋸，把筋骨撐開、擰開，到真正的鬆開，使氣血加速滲透斂入筋、脈、骨、膜之內，這就是氣斂入骨。

所以，在走架練功當中，筋脈、肌肉、神經、骨架等

等，雖然是鬆柔不用拙力的，但是胸要涵著，背要拔著，肩胛要拉撐擰裹著，身要束，腰胯要撐襠，膝在微曲當中要用巧力撐地，使腳掌勁道入地三分，掌腕要微坐而有根，頸項要撐頂。

發勁時，更要沉肩、墜肘、坐腕、下腰束身、拔背、凝氣、撐胯、曲膝而富有彈性，兩腳要撐蹬。

第二節　將展未展

將展未展，是蓄勢待發的狀態，儲備隨時可以展現的實力，待機而發。蓄勢是儲蓄聚集了完整的勢力，而這勢力就是氣的結晶，透過太極拳的以心行氣、以氣運身，終而斂氣入骨，匯聚成勁，所以「蓄勢」的條件，是內勁的成就；若內勁沒有成就，則無勢可蓄，無勁可發。

將展未展，是「彼不動，己不動」的蓄勢待發狀態，是一種勁的含蓄而未發的態勢，也可以說是一種備戰的狀態，是一種兩軍對陣，尚未短兵相接的備戰的狀態。這勁是暫時準備著待命的，是隨時可用的。所以，將展未展是指內勁已經成就，可以隨機而動，可以隨心所欲的。

將展未展與似鬆非鬆是連帶的，在似鬆非鬆之中，是隨時箭在弦上的，是隨時可以發射的，所以，這個「鬆」，不是放逸的鬆，它是上緊發條而富有彈性的將展未展的鬆，在鬆中是寓涵著剛性的，是柔陰中涵蘊著剛陽的。

太極的無極式，是將展未展，因為意念已含攝於心，

氣機已在蘊釀。站樁是將展未展，因為腳根已入地，手臂已掤捧，丹田之氣已在蘊釀凝聚，兩手將按未按，已由腳而腿而腰，形上而達，已經如蓄勁開弓欲放狀態。

太極拳是含蓄的，是內斂的，所以，氣要含蓄，勁要含蓄，沒有必要，那箭是不會隨便亂放的。所以，除了「試力」、「驗勁」，或者自己的勁已非常飽和，偶偶做發勁的動作，或自己模擬發勁的驗證效果，才需去做「放箭」的發勁動作，平常還是保持似鬆非鬆，將展未展的氣態，這是較為符合保任的原則。

如果在整套拳架當中，一直做發勁動作，是不符養生健康之道的，尤其是初學者，內勁尚無成就，如果一直做發勁動作，是耗氣傷神的，不只不能成就內勁功夫，對健康也是不宜的，因為這與練硬拳是無異的，是比較容易傷筋損骨的。

第三十五章　勁斷意不斷

　　勁斷意不斷，就是第十五章所說的「斷而復連」，也就是「藕斷絲連」的意思。勁斷了，由於意念的連續而不斷，而復連回來；藕雖斷了，還有絲相連著，所以雖斷而能復連。

　　「勁斷意不斷」，意思是發勁之後，勁是可以斷離的，但斷離之中仍要把意留著。如果連這個意念也丟離了，勁就難以接續回來，變成真正的斷勁，不能復連回來。所以，意念不能斷，要把意念續留著，才可以把斷離的勁再接續回來。

　　在太極拳的推手或實戰中，發勁後不管有無發中，勁一定要出脫的，全身即時放鬆，如果不放鬆，留有拙力在身，滯留於發勁的地方，容易產生僵勁，那個勁會反向回於自己身上，反被對手打出。所以，勁是可斷的，而且要斷得乾淨俐落，慎防被自己的回勁反打。

　　舊勁是要斷離要扔掉的，舊勁扔掉斷離後，新勁復生；因此，由於意的不斷，新的勁乃能綿綿而生，斷而復連。

末 後 語

　　《太極拳行功心解詳解》是個人之練拳體會心得，所有論述或有不正確之地方，還望賢輩們的指正。

　　其中對於某人、某師、某系統之練法或說法，表示不同之論點，純是就個人之體會依於事理而說，非對人身、派系而作評論，而且均隱其名而說，祈望讀者能予體諒。

　　筆者所有述論，還望讀者能與經論作比對、確認、辨識，作正確抉擇而能有所獲益，是為所盼。

　　拙作《內家拳武術探微》、《太極拳經論詳解》尚在籌備出版中，敬請讀者繼續支持、愛護與指教。

彩色圖解太極武術

1 太極功夫扇　定價220元

2 武當太極劍　定價220元

3 楊式太極劍　定價220元

4 楊式太極刀　定價220元

5 二十四式太極拳＋VCD　定價350元

6 三十二式太極劍＋VCD　定價350元

7 四十二式太極劍＋VCD　定價350元

8 四十二式太極拳＋VCD　定價350元

9 楊式十八式太極劍　定價350元

10 楊氏二十八式太極拳＋VCD　定價350元

11 楊式太極拳四十式＋VCD　定價350元

12 陳式太極拳五十六式＋VCD　定價350元

13 吳式太極拳五十四式＋VCD　定價350元

14 精簡陳式太極拳八式十六式　定價220元

15 精簡吳式太極拳架・推手三十六式　定價220元

16 夕陽美功夫扇　定價220元

17 綜合四十八式太極拳＋VCD　定價350元

18 三十二式太極拳　四段　定價220元

19 楊式三十七式太極拳＋VCD　定價350元

20 楊氏五十一式太極劍＋VCD　定價350元

21 嫡傳楊家太極拳精練二十八式　定價220元

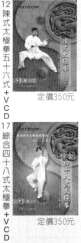
22 嫡傳楊家太極劍五十一式　定價220元

23 嫡傳楊家太極刀十三式　定價220元

太極武術教學光碟

太極功夫扇
五十二式太極扇
演示：李德印 等
(2VCD)中國

夕陽美太極功夫扇
五十六式太極扇
演示：李德印 等
(2VCD)中國

陳氏太極拳及其技擊法
演示：馬虹(10VCD)中國
陳氏太極拳勁道釋秘
拆拳講勁
演示：馬虹(8DVD)中國
推手技巧及功力訓練
演示：馬虹(4VCD)中國

陳氏太極拳新架一路
演示：陳正雷(1DVD)中國
陳氏太極拳新架二路
演示：陳正雷(1DVD)中國
陳氏太極拳老架一路
演示：陳正雷(1DVD)中國
陳氏太極拳老架二路
演示：陳正雷(1DVD)中國
陳氏太極推手
演示：陳正雷(1DVD)中國
陳氏太極單刀‧雙刀
演示：陳正雷(1DVD)中國

楊氏太極拳
演示：楊振鐸
(6VCD)中國

本公司還有其他武術光碟
歡迎來電詢問或至網站查詢
電話：02-28236031
網址：www.dah-jaan.com.tw

原版教學光碟

歡迎至本公司購買書籍

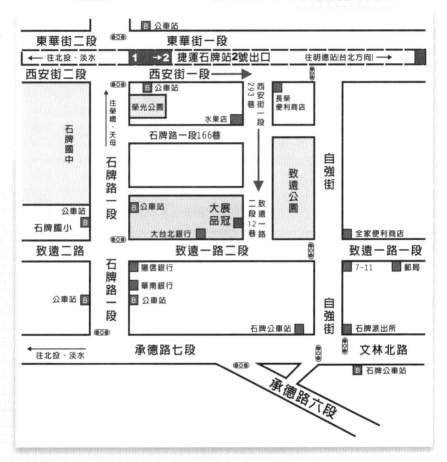

建議路線

1. 搭乘捷運‧公車

　　淡水線石牌站下車，由石牌捷運站2號出口出站(出站後靠右邊)，沿著捷運高架往台北方向走(往明德站方向)，其街名為西安街，約走100公尺(勿超過紅綠燈)，由西安一段293巷進來(巷口有一公車站牌，站名為自強街口)，本公司位於致遠公園對面。搭公車者請於石牌站(石牌派出所)下車，走進自強街，遇致遠路口左轉，右手邊第一條巷子即為本社位置。

2. 自行開車或騎車

　　由承德路接石牌路，看到陽信銀行右轉，此條即為致遠一路二段，在遇到自強街(紅綠燈)前的巷子(致遠公園)左轉，即可看到本公司招牌。

國家圖書館出版品預行編目資料

太極拳行功心解詳解╱蘇峰珍 著
－初版－臺北市，大展，2018〔民107.01〕
面；21公分－（武學釋典；10）
ISBN 978-957-468-892-0（平裝）
1. 太極拳

528.972   1010011446

太極拳行功心解詳解

著　　者╱蘇　峰　珍
責任編輯╱孟　　甫
發 行 人╱蔡　森　明
出 版 者╱大展出版社有限公司
社　　址╱台北市北投區（石牌）致遠一路2段12巷1號
電　　話╱(02) 28236031・28236033・28233123
傳　　真╱(02) 28272069
郵政劃撥╱01669551
網　　址╱www.dah-jaan.com.tw
E-mail╱service@dah-jaan.com.tw
登 記 證╱局版臺業字第2171號
承 印 者╱傳興印刷有限公司
裝　　訂╱眾友企業公司
排 版 者╱千兵企業有限公司
初版1刷╱2012年（民101年）8月
初版3刷╱2018年（民107年）1月

　　　　　　　　　　　　　　　　定　價╱240元

大展好書　好書大展
品嘗好書　冠群可期